용기를 내어 당신이 생각하는 대로 살아야 합니다.
그렇지 않으면 머지않아 당신은 사는 대로 생각하게 될 것입니다.

– 폴 부르제(프랑스의 시인, 철학자)

Il faut vivre comme on pense,
sans quoi l'on finira par penser comme on a vècu.

– Paul Bourget

아름답고 향기로운
양초 & 아로마 향초 DIY

2011년 1월 3일 초판 1쇄 발행
2015년 7월 20일 초판 3쇄 발행

지은이		조은경
펴낸이		정상석
펴낸 곳		터닝포인트
등록번호		2005. 2. 17 제6-738호
주소		(121-869) 서울시 마포구 동교로 27길 53 지남빌딩 308호
대표 전화		(02)332-7646
팩스		(02)3142-7646
홈페이지		http://www.turningpoint.co.kr
		http://www.diytp.com
ISBN		978-89-94158-19-8 13630
정가		14,800원
기획		터닝포인트 & 전애희
촬영 협조		젤캔들샵, 스탬프마마, 주주도장, 한지와빛,아트단비, 열린화방
사진 촬영		김창원, 김현진
북디자인		공종욱
내용 문의		www.diytp.com

원고 집필 문의 diamat@naver.com(터닝포인트는 삶에 긍정적 변화를 가져오는 좋은 책을 함께 만들 작가분의 좋은 원고를 환영합니다.)

아름답고 향기로운

양초 &
아로마 향초
DIY

조은경 지음

터닝
포인트

머리말

어릴 때부터 유난히 꼼지락 거리며 만들기를 좋아하던 제가 이젠 공예가가 되었습니다. 5학년 때 처음으로 조선일보 미술상을 받았었는데 나이가 들어 두 아이의 엄마가 된 지금은 이제 직업이 되었습니다. 가정 계열로 대학을 다녀 진작 종이접기, 꽃꽂이, 한식조리사 자격증까지 다 땄지만 그 길로 가지 않았는데 그때 공부하던 것이 바탕이 되어 이렇게 공예가가 될 줄은 꿈에도 몰랐습니다. 첫아이를 임신했을 때도 맞벌이를 했지만 태교에 좋으라고 퀼트며 비즈공예며 선물포장까지 극성스럽게 배웠던 제가 아마 이렇게 되려고 준비했던 모양입니다.

사람을 참 많이도 좋아하고 또 쉽게 친해지는 제 성격상 공예는 제게 딱 맞는 모델이었습니다. 공방을 운영하며 문화센터, 기업체, 행사, 대학까지 수업을 다니며 그때그때 원하는 의견에 아이디어를 더해 창작을 하며, 그 결과가 좋아 감사하다는 그 한마디를 들으면 며칠 밤을 새서 고생한 그 피로가 단번에 씻은 듯이 사라졌습니다.

저에겐 "선생님 수업 정말 재미있고 너무 예뻐요." 라는 말이 삶의 활력소가 되어 또 다른 창작을 하게 만들어주는 계기가 됩니다. 고심 끝에 나온 결과물은 가슴 벅찬 성취감을 안겨주니까요.

제가 좋아서 하는 일이지만 가족들의 희생도 많았기에 가족에게 감사하다고 또 사랑한다고 이글을 통해 표현하려합니다. 공예 책을 내는 것이 엄청난 노력의 결과물이란 걸 뼈저리게 알기에 더욱 더 자신을 사랑할 수 있는 기회가 되었습니다. 이 책을 기획한 전애희씨와 작업을 하면서 꾸준히 제 곁에서 도와준 송윤금 선생님 또 우리 클라라아트 공방 가족에게 감사드립니다. 제가 양초 전문 강사가 되어 대전분원장이 되기까지 도와주신 많은 분들과 특히 (주)캔들크래프트 김정호 사장님 한국양초공예협회 임서진 회장님께 감사드립니다.

이 책을 기다리는 제 오프라인 회원님들께 이제야 보여드릴 수 있게 되어 다행입니다. 이 자리에 서기까지 많은 분들이 계셨고 또 그분들께 책으로 나마 고마움을 전할 수 있게 도와주신 터닝포인트 관계자 분들께 감사드립니다.

저는 이 책이 나올 때쯤 또 다른 기획으로 대전에서 전시회를 하고 있을 겁니다. 해마다 밸런타인데이가 돌아오면 대부분의 사람들은 초콜릿을 선물하곤 하죠. 그러나 그 이면에는 개발도상국 아이들의 아픔이 있기에 저는 그날만큼은 꼭 초를 선물합니다. 어둠을 밝히고 따뜻함을 나눠주는 초! 이제 그 초를 여러분들께 나눠드리고자 합니다.

2010년 11월 조은경

contents

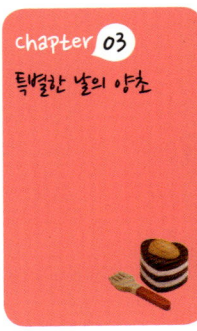

chapter 03 특별한 날의 양초

chapter 04 주고 싶고 받고 싶은 선물용 양초

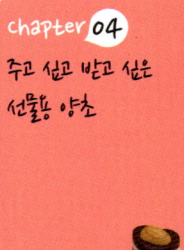

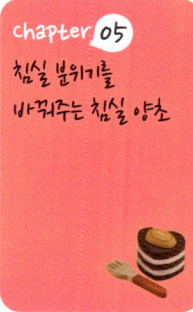

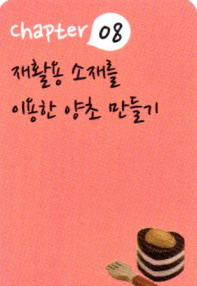

이 책을 보는 법

일 년 내내 활용할 수 있는
예쁘고 향기로운 양초 만들기

🍫 아름답고 향기로운 **양초 & 아로마 향초 DIY 200% 활용하기**

이 😺 발렌타인데이 초콜릿 양초

①

1. **만들 양초 작품:** 이 책에서 만들어볼 완성 작품의 사진입니다.
2. **준비물:** 작품을 만드는 데 필요한 주재료와 부재료를 소개합니다.
3. **친절한 제작 과정 따라 하기:** 제작 과정을 상세하고 친절하게 소개합니다.
4. **Tip:** 오랫동안 작품을 만들면서 경험한 작가만의 실전 노하우를 소개합니다.

 인터넷을 통한 지속적인 서비스:

이 책과 관련하여 궁금한 내용은 www.diytp.com나 네이버 행복한 취미생활 DIY 카페(http://cafe.naver.com/diytp)를 통해 문의해주세요. 사이트를 통해 필요한 자료와 정보를 지속적으로 제공합니다.

내가 만든 작품 자랑하기: '아름답고 향기로운 양초 & 아로마 향초 DIY' 책을 보고 만든 작품의 제작 과정이나 에피소드, 완성품, 또는 나의 창작품 등을 소개해주세요. www.diytp.com을 통해 다른 독자들과 함께 정보도 공유하고 우수 회원을 뽑아 시상도 한답니다.

chapter 01

양초공예 알아보기

01 양초공예란?

양초공예는 어떤 공예인가요?

파라핀 왁스, 젤 왁스, 천연 왁스 등에 향과 색을 넣어 여러 모양, 여러 형태로 만들어 공예로 발전시킨 분야가 바로 양초공예입니다.

인류가 불의 필요성을 느끼면서 불은 인류에게 문명의 발전과 함께 아주 중요한 존재가 되었습니다. 예전엔 태우는 것에 그쳤던 횃불을 오늘날 실생활에 접목시켜 다양한 생활 디자인 양초공예로 발전하였습니다.

양초는 꼭 태워야만 그 기능을 한다는 고정관념을 깨고 스탠드형의 양초가 탄생되었고, 환경을 생각하는 시대적 흐름인 에코(eco)에 발맞춰 천연 왁스가 다양하게 개발되었습니다.

천연 왁스에 아로마 향을 첨가해 양초의 기능을 더욱더 극대화 하였고, 실생활에 냄새 탈취 기능과 발향 효과, 아로마테라피 효과는 물론이고 인테리어까지 살려주는 실용적인 공예로 발전되었습니다.

양초의 기원

인도 뭄바이나 그리스 유적 중국 무덤 등에서 청동 촛대가 발견되는 것으로 보아 기원전 3세기에는 초가 이미 사용되고 있었다는 것을 알 수 있습니다. 중국의 서경잡기(西京雜記)에 보면 이미 BC 3세기 말 한나라 고조 때 민월왕이 밀초 200개를 바쳤다는 문구가 나옵니다.

서양에서도 비슷한 시기에 그려진 것으로 보이는 오르비에트의 골리니 분묘벽화에서 발견된 그림엔 2개의 촛대와 초의 그림이 그려져 있습니다.

우리나라에서 쓰였던 초를 보면 자초가 있습니다. 자초는 갈대를 베로 묶어 표면에 납을 바른 것으로 연기와 그을음이 심해 얼마 쓰지 못하고 사라진 것으로 보입니다. 그 다음 등장한 것으로는 '홍대초'입니다. 고려시대부터 조선 초기까지 길흉사에 주로 쓰인 이 초는 납을 붉게 물들여 거친 베에 발라 썼다는 기록이 전해옵니다. 한편 궁중에서는 '화초'라 하여 예식용으로 쓰기 위해 백색의 밀랍을 모란 모양으로 만들어 붉게 물들인 종이를 심지 삼던 초를 사용했으며 현재 안압지에서 출토된 초창기의 초와 촛대는 경주박물관에 전시되어 있습니다.

예전에는 주로 꿀벌의 벌집을 끓여 짜낸 기름, 즉 밀랍을 이용하여 초를 만들었고 짐승의 기름인 수지를 이용하여 만들어 사용하기도 하였습니다.

우리가 흔히 사용하는 양초라는 말은 서양에서 들여온 초란 뜻으로 우리가 오늘날 흔히 보는 초를 말합니다. 파라핀 등을 이용하여 19세기 초에야 만들어졌고 개항기를 전후하여 우리나라에 들여온 것으로 추정됩니다.

양초공예로 만들 수 있는 다양한 양초들

02 초보자가 준비해야할 양초공예 기본 도구

양초공예에 입문하는 초보자가 준비해야할 가장 기본적인 재료들을 소개합니다. 여기 소개한 재료들을 기본적으로 준비한 후 뒤에 설명하는 자료를 참고해서 필요한 재료를 구하면 됩니다.

① 왁스　　　　⑤ 헤라　　　　⑨ 염료
② 심지　　　　⑥ 계량저울　　⑩ 향료
③ 심지고정대　⑦ 파이렉스 계량컵　⑪ 전열기구
④ 온도계　　　⑧ 스테인리스 비이커

* 재료 사진 촬영 협조

양초공예 도구 및 재료에 대한 사진 촬영 협조: 젤캔들샵(www.gelcandleshop.co.kr)

 **03** 양초공예에서 사용하는 왁스 및 첨가물

1. 파라핀 왁스(Paraffin wax)

파라핀 왁스는 융점(녹는점)에 따라 부르는 이름이 달라요.

- **저온**: 약 52℃ 내외에서 녹으며 컨테이너(용기) 양초를 만들 때 사용합니다.
- **표준**: 약 60℃ 내외에서 녹고 보티브, 필라, 스퀘어 등 용기 없는 양초를 만들 때 사용합니다. 또 다른 이름으로 일반 왁스라고 부르기도 합니다.
- **고온**: 약 70℃ 내외에서 녹으며 엠베드 제작 시 테파초와 허리케인 양초를 만들 때 사용하는 왁스입니다.

 2. 이지 왁스(Easy wax)

파라핀 왁스 중의 하나로 융점(녹는점)은 약 58℃이며 콩알처럼 생긴 왁스입니다. 파라핀 왁스는 덩어리가 크고 단단해서 사용하기 힘든 것이 단점입니다. 이 점을 보완하기 위해 만든 왁스가 이지 왁스로 알갱이가 작아 녹이기도 쉽고 왁스를 깨야하는 번거로움이 없고 빨리 굳는다는 장점이 있습니다. 필자의 경우엔 이지 왁스를 이용한 필라 초 만들기에 사용하며 일반적으로 케이크와 같이 많은 양을 굳힐 때 사용합니다.

3. 젤왁스(Gel wax)

투명하고 말랑거리는 젤리처럼 생겨 젤 왁스로 불립니다. 미네랄오일과 폴리머를 넣어 만들어진 왁스로 폴리머의 입자가 많으면 강도가 좀 더 단단하고 폴리머의 입자가 적으면 좀 더 말랑거리는 특성이 있습니다.

폴리머의 양에 따라 MP(Medium Polymer), HP(High Polymer), 수퍼 HP(Super High Polymer) 등 3가지 종류로 구분됩니다.

- **MP(Medium Polymer)**: 용기에 넣는 젤리 초를 만들 때 사용합니다.
- **HP(High Polymer)**: 과일 첨가물, 플로팅, 데커레이션 등 용기에 담겨지지 않는 경우에 사용합니다.
- **수퍼HP(Super High Polymer)**: HP 보다 조금 더 단단한 왁스가 필요할 때 사용합니다. 여름철과 같이 실내 온도가 높을 때 디자인적 요소가 흐르지 않고 계속 유지시키고자 할 때 이 왁스를 사용합니다. 예를 들면 음료수의 얼음을 표현할 경우 얼음이 흐르지 않고 계속 있어 보이도록 해야 할 경우 사용합니다.

🐱 4. 화이트 왁스(White wax)

부드럽고 차분하며 뽀얗게 보이는 질감을 가지고 있고 점도는 일반 파라핀과 젤 왁스의 중간이라고 보면 됩니다. 수축이 거의 없는 것이 장점이며 필자의 경우 베이커리 관련 작품을 만들 때 많이 사용하였습니다.

🐱 5. 만지락 왁스

점토처럼 생긴 만지락 왁스는 유아부터 성인까지 누구나 쉽게 손으로 조물조물 만들어 모양을 낼 수 있는 왁스입니다. 그래서 만지는 이의 손에 따라 다양한 디자인이 나올 수 있답니다. 또한 불을 사용하지 않는다는 것이 바로 만지락 왁스의 장점입니다.

치즈처럼 생긴 형태는 소프트 만지락 양초이며 떡볶이 떡처럼 생긴 형태는 하드 만지락 양초입니다. 기본 색을 섞어 반죽해 또 다른 색을 만들어낼 수도 있습니다. 장시간 보관할 경우 케이스에 넣어 먼지가 타지 않도록 해주는 것이 좋습니다.

🐱 6. 그래뉼 왁스(Granulated wax)

과립 형태의 그래뉼 왁스는 컬러별로 각각의 아로마향이 첨가되어 있습니다. 왁스를 녹이기 위해 불을 사용하지 않는다는 장점이 있어 필자의 경우 체험행사 때 많이 사용합니다. 또 다른 방법으로는 양면테이프를 활용해 용기 안쪽에 디자인을 입히는 왁스로 활용하기도 합니다.

😺 7. 가루 왁스(Powder wax)

가루 형태의 왁스로 각각의 왁스에 아로마 향이 첨가되어 있습니다. 왁스에 열을 가해 녹일 필요가 없고 층층이 예쁜 컵에 넣어주면 나만의 아로마향초가 완성됩니다.

😺 8. 멀티 왁스+수축 방지 및 강도 보강제

파라핀 왁스를 이용해 초를 만들 때 사용하는 첨가제로써, 멀티 왁스와 수축 방지 및 강도 보강제를 혼합하여 만든 제품입니다. 고체 형태라 사용하기 편리하고 저울로 따로 계량해야 하는 번거로움 없이 편리하게 사용할 수 있습니다. 멀티 왁스+수축 방지 및 강도 보강제는 보통 파라핀 왁스 무게 대비 1~2% 정도(예: 파라핀 1kg에 10g~20g 정도)를 사용합니다.

😺 9. 스테아린산(Stearic Acid)

파라핀 왁스에 혼합하여 사용하는 첨가물로써, 양초의 경도를 높여주고 착색이 잘 되게 도와줍니다. 비슷한 용도로 사용되는 제품에는 멀티 왁스, 마이크로 왁스 등이 있습니다. 파라핀 왁스 대비 5%의 스테아린산을 사용하세요.(예: 파라핀 1kg + 스테아린산 50g)

융점이 일반 파라핀 왁스보다 높기 때문에 스테아린산을 먼저 녹인 후 파라핀을 녹여 사용하세요.

😺 10. 천연 밀납(Bees wax)

비즈 왁스는 천연 벌집에서 추출하여 만들어진 천연 동물성 왁스로 자연의 항생제라 불리는 프로폴리스가 다량 함유되어 있어 몸에 면역력을 키워줍니다. 특히 빈도림 굴초(Bindorim Honey condle)는 녹이는 과정에 천연의 꿀 향이 나는 특성이 있어 자연의 향을 충분히 느낄 수 있습니다. 필자의 경우 밀납 자체도 좋지만 천연 에센션 오일과 함께 섞어 향초의 기능을 더했습니다.

🐱 11. 소이 왁스(Soy wax)

대두를 추출해 만든 천연 식물성 왁스이며 융점(녹는점)은 파라핀 왁스보다 낮은 43.9℃입니다. 연소될 때 그을음이 거의 없는 장점을 갖고 있고 천연 에센션 오일을 5~7% 첨가해 사용합니다.

🐱 12. 크리스탈 팜 왁스(Crystal palm wax)

야자나무 열매에서 추출해 만든 천연 식물성 왁스입니다. 알갱이 형태이며 융점(녹는점)은 71℃이고 플로팅 양초를 제작할 때 많이 사용됩니다. 굳은 후, 눈꽃 모양의 입자로 보여 신비함을 주는 특성을 갖고 있습니다. 천연 에션셜 오일을 5~7% 첨가해 사용합니다.

🐱 13. 한천 가루

냉동기로 동결시켜 융해한 생천을 가압 탈수 등의 방법을 통해 수분을 빼고 건조시켜 빻아 분말 형태로 만들었습니다. 한천의 융점은 80~85℃이고 임시 몰드 제작용으로 쓰입니다. 몰드 제작 시 파라핀 왁스를 너무 뜨겁게 하여 붓게 되면 틀이 망가질 수 있으니 주의하세요. 사용 방법은 왁스1에 찬물 10의 비율입니다.

🐱 14. 컬러 스톤(Color stone)

투명한 젤 왁스에 디자인적인 방법으로 컬러 스톤을 안에 넣어 만듭니다.

🐱 15. 컬러 모래(Color sand)

투명한 젤 왁스를 이용해 양초를 만들 때 다양한 시각적 효과를 주기 위해 컬러 모래를 첨가합니다. 잘 활용하면 다양한 디자인 효과를 줄 수 있답니다.

🐱 16. 조개 첨가물

내추럴한 바다 느낌을 주기 위해 조개 첨가물과 같은 천연 재료를 사용합니다. 투명한 젤 왁스에 첨가해 바다 느낌을 내거나 허리케인 양초 제작 시 넣어 연출하기도 합니다. 조개 첨가물은 천연 재료이기 때문에 불이 붙을 수도 있으니 안전을 위해 심지 주변에서 1cm 이상 떨어뜨려 배치해 주는 것이 좋습니다.

🐱 17. 유리 또는 플라스틱 첨가물

첨가물 중에는 유리 또는 플라스틱 재질이 있습니다. 디자인적으로 활용하기 위해 사용하며 첨가물을 넣을 때는 안전을 위해 이중 유리 용기를 사용하거나 심지 주변에서 1cm 이상 떨어뜨려 배치해 주세요.

🐱 18. 염료

지용성 컬러로써 왁스에 잘 스며들고 사용하기 편한 장점이 있습니다. 자외선에 약하여 햇빛에 변색되기 쉽기 때문에 보관할 때는 창가 쪽에 진열하지 않는 것이 좋습니다.

🐱 19. 향료

초에 향료를 가하기 위해 사용하는 재료입니다. 필자의 경우 파라핀과 젤 겸용 향료를 주로 사용합니다. 파라핀 향료만 사용할 경우 젤 왁스를 뿌옇게 만들어 젤용을 따로 구입해야 하는 번거로움이 있어 사용하기 편한 파라핀 젤 겸용 향료를 쓰고 있어요.

🐱 20. 아로마 에션셜 오일(Aroma essential oil)

식물에서 여러 가지 추출법(압착법, 수증기 증류법, CO_2 등)으로 얻는 아로마 에센셜 오일은 추출 부위의 재배 방법과 재배 환경에 따라 구분됩니다. 아로마를 이용해 초에 향을 내기도 하고, 필자의 경우 라벤더, 티트리, 유칼립투스 등을 사용했습니다.

 **04** 양초공예에 필요한 재료 및 도구

1. 심지

양초를 켤 때 사용하는 심지는 재료와 굵기, 사용처에 따라 면 심지, 파라핀용 심지, 젤 심지, 내츄럴 심지, 아연 심지 등으로 구분됩니다. 심지 번호는 양초의 두께에 따라 작업하기 전 꼭 측정하고 사용하며 젤 양초의 경우 용기의 크기를 계산하여 사용합니다.

양초의 두께(지름)가 큰 것에 얇은 심지를 사용하면 안쪽만 타고 바깥쪽이 남아 낭비를 가져올 수 있고 양초의 두께(지름)가 작은 것에 굵은 심지를 사용하면 불꽃이 크고 초가 빨리 연소되는 단점이 있습니다.

2. 심지탭

심지를 쉽게 고정시키고 양초가 용기 끝까지 연소되게 도와주는 역할을 합니다. 크기별로 있어 심지의 굵기에 알맞는 심지탭을 골라 사용합니다.

3. 심지탭 스티커

심지를 연결한 심지탭을 용기에 고정시킬 때 편리하게 사용됩니다. 글루건을 사용해 고정할 수도 있긴 하지만 투명하지 않은 반면에 심지탭 스티커를 사용하면 투명하여 깨끗하게 고정되는 것이 장점입니다.

4. 심지 고정대

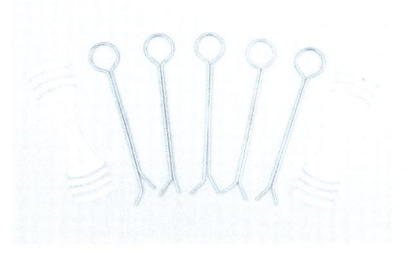

심지를 용기 가운데에 고정시켜주어 양초를 굳힌 후에도 심지의 위치가 중앙에 잘 자리 잡을 수 있도록 해줍니다.

🐱 5. 이형제

파라핀 왁스를 붓기 전에 몰드(틀)에 뿌려주어 양초가 몰드에서 쉽게 빠질 수 있도록 도와주는 역할을 합니다. 몰드에 얇게 기름 막을 입혀주는 원리입니다.

🐱 6. PC몰드

PC(폴리카보네이트)는 플라스틱보다 열에 강해 다양한 용기가 나와 있습니다. 주로 티라이트, 보티브, 원형, 사각 등의 양초를 만들 때 쓰이며 몰드 밑에 심지 구멍이 있어 사용하기 편합니다.

🐱 7. 실리콘 몰드

열에 강한 입체감이 있는 첨가물을 만들 때 사용하는 실리콘 몰드는 주로 엠베드용 양초 만들기에 사용됩니다. 말랑말랑한 특징이 있어 안에 내용물을 쉽고 빠르게 꺼낼 수 있고 섬세한 부분까지 표현할 수 있어 사실감을 주는 것이 장점입니다.

🐱 8. 유리 용기

열에 강한 내열 용기가 좋으나 경제적인 면과 디자인적인 면 때문에 유리 용기를 많이 사용합니다.

🐱 9. 모양 틀

주로 플랫 기법(평평한 디자인에 틀을 이용한 찍기 기법)을 응용할 때 사용합니다. 모양 틀이 없을 땐 쿠키 틀을 사용해도 됩니다.

🐱 10. 케이크 틀

케이크 모양의 양초를 만들 때 사용하며 일체형과 분리형이 있습니다. 케이크 틀을 사용할 때는 이형제를 사용할 것을 권장합니다.

🐱 11. 계량스푼

양초를 만들려면 향료나 분말 등을 많이 사용하게 됩니다. 보통 양초용 향료는 왁스 대비 3% 정도가 사용되는데 이런 때 계량스푼을 사용한다면 적정한 비율을 맞추기가 참 쉽겠죠? 이처럼 다양한 재료를 정량으로 계량할 때 쓰입니다. 정확한 계량을 했을 때 항상 같은 작품이 나올 수 있다는 것 다들 아시죠?

🐱 12. 온도계

온도계를 이용하면 왁스의 융점도 알 수 있고 적정한 온도로 작업하여 작업 시간도 단축할 수 있습니다. 필자의 경우 250℃까지 측정할 수 있는 온도계를 사용합니다.

🐱 13. 전자저울

재료들을 적정량 사용해야 경제적이면서 효율적이라는 것은 다들 아는 상식이죠. 양초공예를 하는 초보부터 전문가까지 없어서는 안 될 필수 아이템이 바로 전자저울이랍니다.

🐱 14. 타이머

양초 작업을 바쁘게 하다보면 깜박하고 적정 시간을 놓치는 경우가 더러 있습니다. 플랫 양초 작업 시 적당한 타이밍에 모양 틀을 찍어야 할 때 쓰입니다. 수업용으로도 그만이구요

🐱 15. 스테인리스 비이커

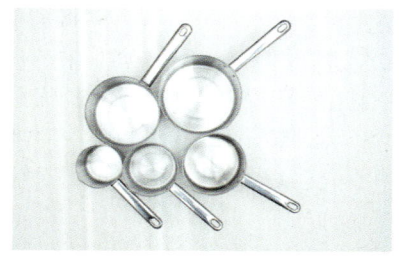

스테인리스 재질은 튼튼하고 열에 강한 특성이 있어 양초공예에 주로 쓰이죠. 왁스를 녹일 때 왁스 중량보다 약 2배 큰 비이커를 사용하면 편하게 쓸 수 있습니다.

🐱 16. 파이렉스 계량컵

강화 유리로 만들어져 있고, 눈금이 있어 제 경우 작은 양의 젤 왁스를 녹이거나 덜어 쓰는데 사용합니다. 투명하여 염료와 향료를 넣었을 때 구분하기 쉬워 편리합니다. 내열 유리가 아닌 강화 유리라서 깨질 염려가 있으니 주의하고, 가급적 덜어 쓰는 데만 사용하세요.

🐱 17. 거품기

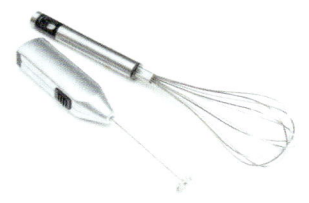

재료를 섞어주거나 파라핀 왁스를 녹여 거품 등을 표현할 때 사용합니다. 맥주 양초, 아이스크림 양초, 케이크 양초 등을 만들 때 쓰입니다.

🐱 18. 헤라 또는 스텐 숟가락

염료와 향료를 섞고 젓는 도구로 사용됩니다.

🐱 19. 전열기구

양초공예의 주재료인 왁스를 녹일 때 사용하는 전열기구는 자동 온도 조절 장치가 있어 안전하고 편리한 전기 열판식 전열기구를 추천합니다. 양초는 중탕 기법을 사용하기에 가스레인지는 가급적 피해주세요. 필자의 경우 건강을 위해서 원적외선이 나오는 인덕션렌지를 사용하고 있답니다. 시중에 나와 있는 전열기구를 써도 무방합니다.

🐱 20. 아이스크림 스쿱

파라핀 왁스를 녹여 거품을 내고 아이스크림 모양을 만들 때 사용하는 도구입니다.

🐱 21. 냅킨

양초에 디자인을 입히는 용도로 사용합니다. 그림이 서툰 초보라도 냅킨을 잘 오려 활용하면 그림을 그린 것 같은 효과를 낼 수가 있습니다.

🐱 22. 아크릴 물감

양초를 꾸미기 위해 채색할 때 사용합니다.

🐱 23. 붓

아크릴 물감, 접착제, 마감제 등을 칠할 때 사용합니다.

🐱 24. 한지

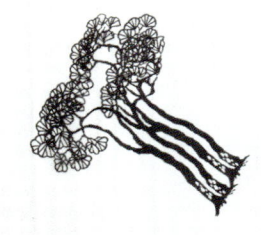 

한지를 넓게 펴서 양초 둘레에 붙이기도 하고 문양이 나와 있는 반제품을 구입해 양초에 붙이기도 합니다. 또 포장용으로 사용해도 손색이 없죠.

05 양초 관련 재료와 도구를 구할 수 있는 곳

젤캔들샵 www.gelcandleshop.co.kr
양초 관련 재료 및 도구 구입

스탬프마마 www.stampmama.co.kr
스탬프 관련 제품

주주도장 www.joojoodojang.com
포토도장 조각 와인

한지와빛 www.hanji4u.com
한지 및 한지 반제품

아트단비 www.artdanbi.co.kr
다양한 냅킨

열린화방 물감과 붓 www.colornbrush.com
열린화방 물감과 붓

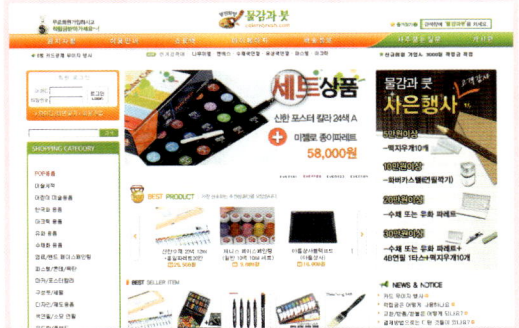

chapter 02

기본 양초 배우기

이 파라핀 왁스 녹이기

재료 및 도구

표준 파라핀 왁스, 멀티 방지제,
수축 방지제(파라핀 왁스 대비 1%),
스텐 비이커, 전열기구

01 표준 파라핀 왁스를 저울로 계량하여 스텐비이커에 넣어 녹여주세요.

02 멀티방지제와 수축 방지제를 왁스 대비1% 넣어주세요

03 다 녹은 모습입니다. 작업을 할 때 파라핀은 약 80℃에서 하고요. 육안으로는 쌀뜨물처럼 생겼을 때입니다. 향료를 넣을 때는 왁스 대비 3%를 지켜주세요.

Tip 멀티 왁스와 수축 방지제의 역할

멀티 왁스는 백색의 왁스로써, 양초 제조 시 초가 부서지는 것을 방지하고 색을 부드럽고, 뽀얗게 해주는 역할을 합니다. 수축 방지제는 말 그대로 초의 수축을 방지해주는 역할을 합니다. 필자의 경우에는 멀티 왁스와 수축 방지제 혼합을 사용합니다.

10g 단위로 큐브 형태로 나오는 제품이라서 파라핀 왁스만 저울로 재고 멀티+수축 방지제는 저울을 사용하는 공정이 따로 필요 없어서 편리해요. 많은 인원이 수업을 할 경우에 스텐비이커에 파라핀 왁스는 저울로 계량해 미리 담아가고 멀티 왁스와 수축 방지제는 따로 가져가 녹는 것을 보여주면 수업을 진행하기에 편하답니다.

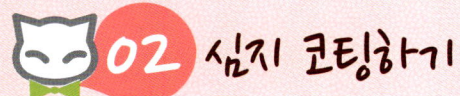

02 심지 코팅하기

재료 및 도구

표준 파라핀 왁스
면 심지, 가위, 흰 종이,
종이컵, 스텐비이커, 전열기구

01 표준 파라핀 왁스를 저울로 계량해 스텐 비이커에 넣어 녹여주세요.

02 면 심지를 가위로 약 50cm 정도로 잘라주세요.

03 녹여놓은 파라핀 왁스를 종이컵에 덜어주고, 잘라놓은 면 심지를 살짝 담가줍니다.

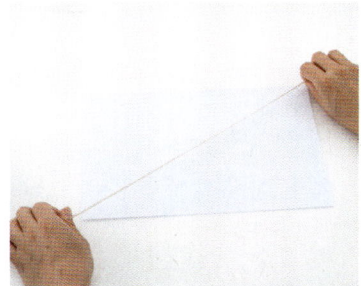

04 꺼낸 심지를 흰 종이에 대고 팽팽하게 당겨주면 심지 코팅 끝. ^^

Tip 심지를 코팅할 때 사용하는 종이는 신문지를 쓰면 안돼요.
심지를 코팅할 때 받치는 종이를 신문지로 사용하면 심지에 신문지의 잉크가 묻어나올 수가 있으니 가급적이면 깨끗한 종이를 사용하는 것이 좋습니다. 심지를 코팅하는 왁스는 해당 왁스로 합니다.

예 · 파라핀 왁스 작품 – 파라핀 심지
· 내츄럴 왁스 작품(소이, 밀납 등) – 내츄럴 심지
＊단 젤 왁스 작품은 젤 왁스로 코팅하지 않고 젤용 양초 심지를 사용합니다. 파라핀으로 코팅된 심지를 사용 시 젤 캔들에 심지 코팅된 파라핀이 녹아나와 젤 캔들이 지저분하게 됩니다. 심지는 시중에 판매되는 젤 왁스 심지를 사용합니다.

03 티라이트 젤 양초 만들기

젤 왁스를 이용해 티라이트 젤 양초 만드는 방법을 알아보겠습니다.

재료 및 도구

젤 왁스, 젤 심지 16번, 컬러스톤,
향료, 종이컵, 티라이트 용기,
스텐비이커, 전열기구

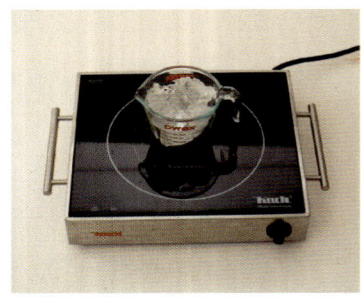

01 전열기구에 젤 왁스를 녹여주세요.

02 컬러 스톤과 티라이트 용기, 심지 등의 재료를 준비해주세요.

03 티라이트 용기에 컬러 스톤을 깔고 가운데에 심지를 배치해주세요

04 녹여준 젤 왁스를 종이컵에 담은 후 컵에 향료를 왁스 대비 3% 넣어주세요.

05 용기에 부어 굳혀주면 티라이트 젤 양초가 완성입니다.

Tip 젤 왁스 작업 권장 온도

다 녹은 젤 왁스를 식혀 끈적 끈적한 시럽 상태일 때 작업을 합니다. 이때의 권장 온도는 약 60℃입니다. 깨끗하고 투명함을 원할 땐 용기에 가깝게 부어주세요. 공기 방울이 연출되길 바라는 경우엔 부어줄 때 낙하 폭을 많이 주면 됩니다. 젤 왁스를 다룰 때는 꼭 유리 제품 또는 스텐으로 된 도구만 사용해야 합니다. 그래야만 젤 왁스의 투명함을 지켜줄 수 있습니다.

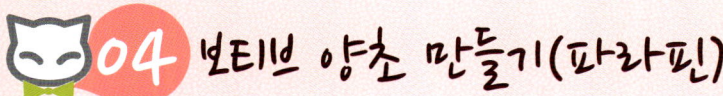
04 보티브 양초 만들기(파라핀)

재료 및 도구

표준 파라핀 왁스
(멀티+수축 방지제 1% 첨가),
면 심지, 가위, 흰 종이, 종이컵,
보티브 용기, 심지 고정대, 컬러 염료,
향료(왁스 대비 3%), 파라핀용 심지
26번, 양초용 이형제, 전열기구

01 표준 파라핀 왁스에 멀티+수축 방지제를 1% 첨가하여 녹여주세요.

02 보티브 용기에는 양초가 굳은 후 잘 빠지게 하기 위해 이형제를 뿌려주세요

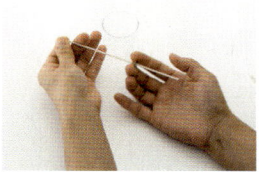

03 심지에 심지탭을 끼워주세요.

04 니퍼로 심지가 빠지지 않게 고정시켜주세요.

05 심지탭 스티커를 떼어주세요. 심지탭 스티커는 양면으로 돼 있어요

06 심지를 용기에 붙여 고정시켜주세요

07 녹은 왁스를 식힌 후 적당량을 종이컵에 부어 원하는 컬러의 염료를 넣고 잘 섞어주세요.

08 향료는 왁스 대비 3%를 넣어주세요.

Tip 3%보다 부족할 때는 향이 덜나고, 넘을 경우 왁스가 향을 뱉어내기 때문에 젤 왁스의 경우는 초의 표면에 불이 붙을 수 있으며, 파라핀 왁스의 경우는 초의 겉면에 향이 송글송글 맺합니다.

09 나무막대로 잘 섞어주세요.

10 용기에 잘 섞어준 파라핀 왁스를 부어주세요.

11 심지 고정대로 고정시켜주고 굳혀주면 완성입니다.

05 필라 양초 만들기

재료 및 도구

표준 파라핀 왁스
(멀티+수축 방지 1% 첨가), 필라 몰드,
심지 고정대, 향료(왁스 대비 3%),
파라핀용 심지 36번,
양초용 이형제 , 유토

필라 몰드를 이용해 필라 초를 만들어보겠습니다.

01 표준 파라핀 왁스(멀티+수축 방지 1% 첨가)를 넣어 녹여주세요.

02 필라 몰드에는 이형제를 뿌려주고 심지를 통과시켜 주세요.

03 밑 부분을 2번 매듭짓고 유토로 꼼꼼히 막아주세요.

04 녹여준 파라핀 왁스에 향료를 왁스 대비 3% 넣고 섞어주세요(색을 넣어주고 싶으면 염료를 함께 넣으면 됩니다).

05 필라 몰드에 파라핀 왁스를 부어주세요.

06 심지 고정대로 고정하고 굳혀주세요. 파라핀 왁스가 쌀뜨물색일 때 진행하고요. 이때의 적정 온도는 약 80℃입니다.

06 이지 필라 양초 만들기

이지 왁스를 이용해 이지필라 양초를 만드는 방법을 살펴봅니다.

재료 및 도구

표준 파라핀 왁스
(멀티+수축 방지 1% 첨가),
이지 왁스, 필라 몰드, 심지 고정대, 염료,
향료(왁스 대비 3%), 양초퐁 이형제,
파라핀퐁 심지 36번, 유토

01 표준 파라핀 왁스(멀티+수축 방지 1% 첨가)를 넣어 녹여주세요.

02 필라 몰드에는 이형제를 뿌려주고 심지를 통과시킨 뒤 이지 왁스를 절반 넣어주세요.

03 녹여준 파라핀 왁스에 향료(왁스 대비 3%)와 염료(원하는 컬러)를 넣고 1차로 섞어주세요.

04 몰드에 부어주세요.

05 녹여준 파라핀 왁스에 향료와 염료를 넣고 2차로 섞어주세요. 이때 색은 전보단 좀 더 강하게 표현해주어야 예쁩니다.

06 잘 석어준 파라핀 왁스를 몰드에 부어 굳혀주면 완성입니다.

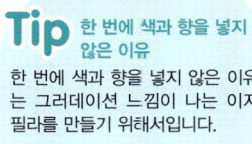

Tip 한 번에 색과 향을 넣지 않은 이유

한 번에 색과 향을 넣지 않은 이유는 그러데이션 느낌이 나는 이지필라를 만들기 위해서입니다.

07 젤 엠베드 만들기

양초공예 작품을 만들 때 먼저 만들어놓은 장식들을 엠베드라고 합니다. 엠베드 만드는 방법을 살펴봅니다.

재료 및 도구

젤 왁스 HP, 실리콘 몰드, 염료,
향료(왁스 대비 3%),
헤라, 종이컵, 파이렉스, 전열기구

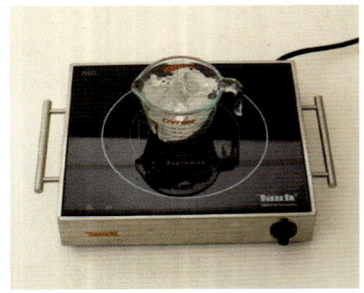

01 젤 왁스를 전열기구에 넣어 녹여
주세요.

02 실리콘 몰드를 준비한 후 녹여준
젤 왁스에 만들려는 색의 염료를
넣어 원하는 색을 만들어주세요.

03 염료를 섞어준 젤 왁스에 향료 왁
스 대비 3%를 넣어주세요.

04 헤라로 잘 섞어주세요.

05 실리콘 몰드에 부어 잘 굳혀주세요.

06 잘 굳으면 몰드에서 꺼내주세요.

Tip 엠베드를 만들 때는 꼭 융점
(녹는 점)이 높은 왁스를 사
용합니다.
젤 왁스의 경우 HP, SHP를 파라핀
왁스의 경우 고온 파라핀 왁스를 사
용합니다. 초 안에 들어가서 또는 장
식 효과로 쓰이기에 그 형태를 유지
해야 하기 때문입니다.

08 휘핑 기법 엠베드 양초 만들기

거품기를 이용하여 거품을 내주는 과정을 휘핑이라고 합니다. 휘핑 기법을 이용해 엠베드 양초 만드는 방법을 알아보겠습니다.

재료 및 도구

표준 파라핀 왁스
(멀티+수축 방지 1% 첨가),
염료, 향료(왁스 대비 3%),
거품기, 아이스크림 스쿱, 산적꼬치

01 표준 파라핀 왁스(멀티+수축 방지 1% 첨가)를 넣어 녹여주세요

02 스텐볼에 넣고 거품기로 거품을 내주세요. 이 과정을 휘핑이라고 합니다.

03 원하는 향의 향료와 원하는 색의 염료를 넣고 거품을 내주세요.

04 아이스크림 스쿱으로 떠주세요.

05 산적꼬치로 구멍을 내어주세요.

Tip 휘핑을 쉽게 하는 방법

휘핑할 때 파라핀 왁스의 온도는 육안으로 쌀뜨물처럼 되었을 때가 적당합니다. 그렇지 않고 맑은 물처럼 보일 상태에선 시간이 아주 많이 걸립니다. 반면에 많이 식었을 경우는 부드러운 거품이 나오지 않고 입자가 거칠어지는 단점이 있습니다.

09 한지 문양 만들기

양초공예에서는 한지나 그림, 냅킨 등 여러 가지 재료들을 활용하여 다양한 디자인의 양초를 만들 수 있답니다. 한지를 이용해 양초에 문양을 내는 기법을 배워보겠습니다.

재료 및 도구

한지 도안 , 스카치테이프,
문양 칼(또는 커터 칼), 한지

01 원하는 도안을 준비해주세요.

02 도안에 스카치테이프를 붙여 단단하게 만들어줍니다.

03 커터 칼(또는 문양 칼)로 문양을 파냅니다.

04 한지에 대고 그대로 파주면 문양이 나옵니다.

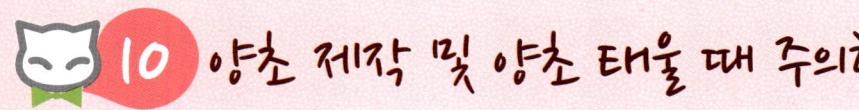

양초 제작 및 양초 태울 때 주의할 점

양초 제작 시 주의할 점

- 주변에 인화 물질이 있는지 확인한 후 작업합니다.
- 소화기를 배치해둡니다.
- 녹은 왁스를 하수구에 버리지 않습니다.
- 전열기구는 단독 플러그를 사용합니다(멀티탭 사용은 자제).
- 첨가물을 사용할 경우 플라스틱 제품은 심지 주변에 배치하지 마세요.
- 만약 플라스틱 첨가물을 사용해야 한다면 배치할 때 가급적 이중 용기 바깥쪽에 배치해 주세요.
- 중탕 기법으로 작업해주세요(직화는 위험합니다).

양초를 태울 때 주의할 점

- 양초에 불을 붙이기 전에 심지 높이를 0.5cm 정도로 다듬어 사용하세요.
- 심지가 길면 그을음이 날 수 있습니다.
- 양초에 불을 붙여 놓고 방치하시면 안 됩니다.
- 어린이나 애완동물에게서 멀리 두고 불을 붙여주세요.
- 양초를 태훈 후엔 꼭 환기를 시켜주세요.
- 1회 점화 시 3~4시간 사용해야 경제적으로 사용하실 수 있습니다.
- 절대 물로 양초의 불을 끄지 마세요.

chapter 03

특별한 날의 양초

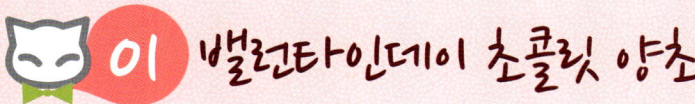 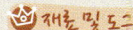

밸런타인데이 초콜릿 양초

해마다 2월 14일이 되면 찾아오는 밸런타인데이에 달콤한 초콜릿도 좋지만 아프리카 어린이들의 고난이 담겨있는 초콜릿이다 보니 이날만은 미안한 마음에 이렇게나마 초로 표현해보았어요.

재료 및 도구

표준 파라핀 왁스
(멀티+수축 방지제 1% 첨가), 염료,
초콜릿 향료, 이형제, 컬러 심지,
심지탭, 초콜릿 몰드

01 파라핀 왁스에 멀티+수축 방지제를 1% 넣고 녹여주세요.

02 왁스가 녹는 동안 초콜릿 몰드에 이형제를 뿌려주세요.

03 녹인 왁스를 식힌 후 적당량을 종이컵에 부어 갈색 염료와 왁스 대비 3%의 초콜릿 향료를 넣어 잘 섞어주세요.

04 3의 왁스를 초콜릿 몰드에 부어주세요. 넘치지 않도록 조심해서 부어주세요.

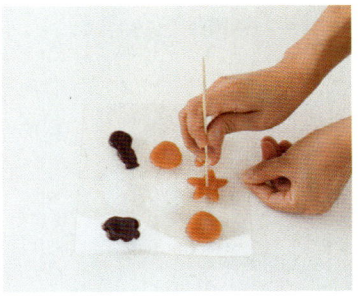

05 어느 정도 굳으면 가운데 부분에 산적꼬지를 이용해 심지 구멍을 내주세요.

06 다 굳은 후 몰드에서 빼주세요.

07 산적꼬지로 뚫어놓은 구멍에 심지를 초콜릿 초의 밑 부분에서 위로 넣어주세요. 나머지 초도 같은 방법으로 해주세요.

Tip 여러 톤의 초콜릿 색을 만드는 노하우

종이컵에 갈색 염료를 1~2방울만 섞으면 베이지가 나와요. 갈색을 3~4방울 더 섞으면 연한 초콜릿색이 나오고 마지막으로 3~4방울 더 넣어주면 다크 초콜릿이 나온답니다.
염료에 따라 색살별 농도에 오차가 있으니 꼭 쌀뜨물색일 때 염료를 섞어주고, 육안으로 보이는 것보다 약간 옅게 나온다는 것을 염두에 두세요.

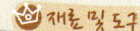

02 화이트데이 사탕 양초

클레이처럼 손으로 조물조물 모양을 만들 수 있는 만지락 양초를 사용하여 화이트데이 사탕 양초를 만들어봐요. 신기한 점토 형태의 양초인 만지락 양초는 파라핀 왁스로 만들었고요. 소프트 양초는 치즈 모양으로 나옵니다. 젤 왁스와 만지락 양초를 함께 이용하여 화이트데이 사탕 양초를 만들어볼까요.

재료 및 도구

젤왁스(MP), 만지락 양초,
향료, 젤 심지 2개, 심지탭,
심지탭 스티커, 케라

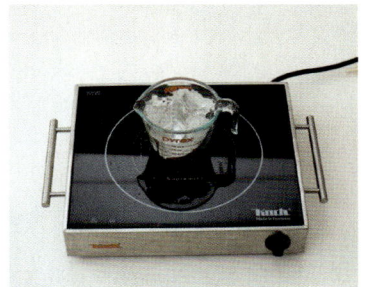

01 젤 왁스를 녹여주세요.

02 젤 왁스가 녹는 동안 만지락 양초를 사탕 모양으로 빚어주세요.

03 심지탭 스티커를 이용해 준비된 유리병 중심에 심지를 고정시켜주세요.

04 젤 왁스가 다 녹으면 어느 정도 식힌 후 종이컵에 부어 향료를 잘 섞어주세요.

05 유리병에 종이컵의 젤 왁스를 1/3 정도만 부어주세요.

06 사탕 모양의 만지락 양초를 넣어주세요.

07 남은 부분에 종이컵의 젤 왁스로 채워 굳혀주면 화이트데이 사탕 양초가 완성됩니다.

Tip 디자인의 완성도를 위해 꼭 젤 왁스를 먼저 붓고 만지락 양초를 넣어주세요. 만지락 왁스를 먼저 용기에 넣고 젤 왁스를 부을 경우 용기 표면에 만지락 왁스가 붙어 젤 왁스가 골고루 스며들지 못해 예쁘지 않습니다.

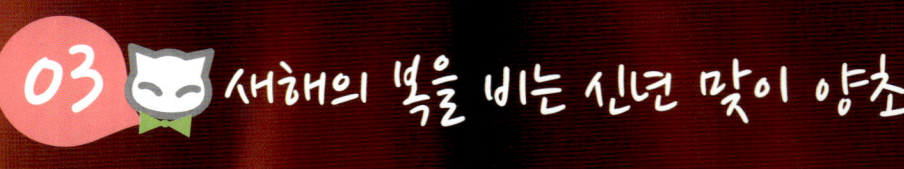

03 새해의 복을 비는 신년 맞이 양초

🐱 재료 및 도구

표준 파라핀 왁스
(멀티+수축 방지제 1% 첨가),
향료, 이형제, 파라핀 심지 36번,
심지탭, 사각 몰드 스탬프, 물전사지,
엠보싱 가루, 데코파쥬 글루(또는 접착제),
워터마크, 힛툴

새해만 되면 지인들에게 어떤 선물을 드릴까 고민 많이 하셨죠? 저는 저만의 스탬프로 연하장과 양초를 만들어 선물한답니다. 파라핀 왁스를 이용해 양초를 만들고, 그 위에 한지를 붙여 동양적인 느낌을 살린 뒤 원하는 문구로 스탬프를 찍어 완성한 작품입니다.

01 파라핀 왁스에 멀티+수축방지제를 1% 첨가하여 넣고 녹여주세요.

02 왁스가 녹는 동안 사각 몰드에 이형제를 뿌려주고 심지를 통과시켜 유토로 막아주세요.

03 다 녹은 왁스를 식힌 후 향료를 넣고 적당량을 몰드에 부은 후 심지 고정대로 고정시켜주세요.

04 왁스를 굳힌 후 몰드에서 꺼내 데코파쥬 글루를 바릅니다.

05 사각초의 옆 둘레만큼 한지를 오려 초에 붙여 배경을 만들어줍니다.

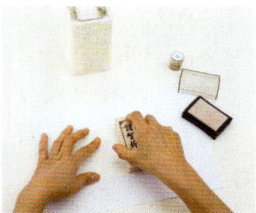

06 종이를 깔고 스탬프를 스탬프 패드에 콩콩 찍은 뒤 물 전사지에 찍어주세요.

07 엠보싱 가루를 그 위에 솔솔 뿌려준 뒤 털어내주세요. 남은 가루는 용기 안에 넣어주세요.

08 힛툴로 천천히 열을 가하면 부풀어 오르는 것이 보이죠?

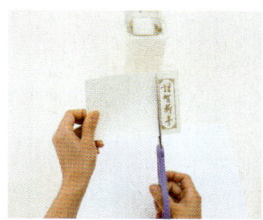

09 스탬프 모양에 가깝게 가위로 오려주세요.

10 물을 담은 트레이에 전사지를 담가주세요.

11 불린 전사지를 꺼내 양초에 배치해주세요.

12 전사지를 고정시키기 위해 힛툴로 살살 흔들면서 열을 가해줍니다.

04 부활절 달걀양초

예수님이 돌아가신 뒤 3일 만에 다시 살아 돌아오신날을 기념해서 나눠먹는 달걀을 만들어보았습니다. 파라핀 왁스를 넣어 만든 뒤 물감으로 간단히 그려보았습니다.

재료 및 도구

표준 파라핀 왁스
(멀티+수축 방지제 1% 첨가),
심지 26번, 달걀 몰드, 아크릴 물감,
이형제, 향료

01 표준 파라핀 왁스에 멀티+수축 방지제를 1% 첨가하여 넣고 녹여주세요.

02 달걀 몰드에 이형제를 뿌려준 후 심지를 고정시켜주세요.

03 왁스가 다 녹은 후 불투명해지면 왁스 대비 3%의 향료를 넣고 몰드에 부어주세요.

04 심지 고정대로 고정시켜주세요.

05 다 굳으면 몰드에서 양초를 빼내주세요.

06 달걀 모양 양초에 아크릴 물감을 이용하여 눈이나 입, 코 등을 꾸며주세요. 어때요! 귀엽나요?

Tip 스티커를 붙여보세요!
저는 유치원 수업으로 스티커 붙이기를 했는데 아이들이 매우 즐거워했답니다.

05 부처님 오신날 연꽃 양초

부처님의 성과 이름이 고타마 싯다르타인걸 알고는 있지만 세계적으로 부처님 오신 날이 다 다르다는 것은 몰랐네요. 우리나라의 석가탄신일이 법정공휴일이 된 것은 1975.1.15일 용태영 변호사의 노력이라고 하니 역사를 만든 그분께 감사드립니다. 천연 밀납 중 최고인 빈도림꿀초를 사용하여 연꽃 몰드에 부어 만들었어요. 밀납은 장마철에 태우면 덜 눅눅하고 공기도 정화되는 특성이 있으며 꿀초 고유의 달콤함 향이 나서 정말 좋아요.

재료 및 도구

밀랍, 연꽃 몰드, 너츄럴 심지 18번,
이형제, 티트리노 에션셜 오일

01 전열 기구를 이용해 밀랍을 녹여 주세요.

02 밀랍이 다 녹으면 어느 정도 식혀 준 후 종이컵에 밀랍을 부어줍니다. 그리고 티트리 에센셜 오일을 왁스 대비 7% 이하로 넣어주세요.

03 2의 밀랍을 연꽃 몰드에 부어주세요.

04 연꽃 몰드의 밀랍이 완전히 굳기 전에 미리 산적꼬지로 심지 구멍을 내어주세요.

05 다 굳은 밀랍을 연꽃 몰드에서 빼내주세요.

06 산적꼬지를 빼고 심지를 꽂아주세요.

07 심지의 1cm 정도 위에서 가위로 심지를 잘라주면 완성입니다.

06 부처님 오신날 한지 양초

석가탄신일이 아니어도 한 달에 한번 산행 길에 꼭 사찰을 가는 이유는 제 자신을 되돌아볼 수 있기 때문입니다. 그런 곳이 있어 저는 참 행복합니다. 올해는 꼭 마곡사에 가서 템플스테이를 하겠다고 다짐도 해봅니다. 스탠드형 양초에 고운 문양을 판 한지를 입혀 동양적인 느낌을 살려봤습니다.

재료 및 도구

고온 파라핀 왁스
(멀티+수축 방지제 1% 첨가),
사각 허리케인, 이형제, 향료, 한지,
데쿠파쥬 글루, 붓

01 고온 파라핀 왁스에 멀티+수축 방지제를 1% 첨가하여 넣고 녹여주세요.

02 사각 허리케인 몰드에 이형제를 뿌려주고, 파라핀 왁스에 향료를 넣고 부어주세요.

03 다 굳으면 몰드에서 양초를 빼내 데쿠파쥬 글루를 발라주세요.

04 미리 오려둔 한지를 붙여주세요.

05 한지 위에 데쿠파쥬 글루를 다시 한 번 발라주세요.

Tip 허리케인(Hurricane) 캔들 또는 쉘(shell) 캔들은?

테라스나 야외에서 바람이나 외풍 등으로부터 작은 촛불을 보호하기 위해 고안해 낸 촛대로 쓰입니다.
- 타지 않는 초였습니다.
- 반드시 융점이 높은 고온 파라핀 왁스만 사용해야 합니다.

07 돌잔치 포토 양초

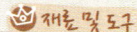
재료 및 도구

젤 왁스 MP, 용기(정사각 잼병),
젤 심지 36번 10cm, 심지탭 스티커,
향료, 컬러 스톤, 사진, 조화

임신을 했을 때나 아이를 출산했을 때만큼 좋은 날이 없었습니다. 내 아이에게 표현하고 싶고 우리 가족에게 자랑도 하고 싶어 돌잔치를 준비했었죠. 그때의 설렘으로 이 양초를 만들었어요. 소중한 우리 아이 사진이 초 안쪽에 들어가는데 사진이 타지 않도록 하기 위해 사각 초에 담았어요.

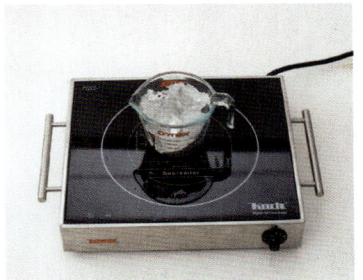

01 젤 왁스를 녹여주세요

02 심지탭 스티커를 이용해 용기 중심에 심지를 고정시켜주세요.

03 정사각 잼병의 중앙에 사진을 배치해주세요.

04 컬러 스톤을 예쁘게 바닥에 깔아주세요.

05 사진 주변엔 조화로 꾸며주세요. 이때 주의할 점은 조화가 뜨지 않게 바닥에 심어주는 것이 중요합니다.

06 녹여놓은 젤 왁스에 향료를 왁스 대비 3% 넣어 주세요.

07 사진 앞면부터 젤 왁스를 넣어주어야 사진이 얼룩지지 않아요. 이때 헤라로 사진을 뒤쪽으로 밀어줍니다.

08 끝까지 부어주고 잘 굳혀주면 예쁜 아기 사진을 담은 돌잔치 포토 양초가 완성됩니다.

08 생일 축하 케이크 양초

진짜처럼 맛있어 보이면서 근사한 케이크가 없을까 고민하다 둘째 아이 생일을 기념하기 위해 만들었어요. 네 살 된 우리 아이는 촛불 끄고 싱글벙글, 엄마는 오래가는 케이크가 있어 경제적이라 좋아해요. 특히나 우리 아이는 언제나 켤 수 있는 케이크가 생겨 너무 좋아한답니다.

재료 및 도구

화이트 왁스, 향료, 색심지, 케이크 틀, 이형제 쿠키 틀, 그래뉼 초, 리본, 아크릴 물감

01 화이트 왁스를 녹여주세요.

02 케이크 틀에 이형제를 뿌려준 후 녹여준 화이트 왁스에 향료(왁스 대비3%)를 섞어 부어주세요.

03 왁스가 다 굳으면 틀에서 빼내주세요.

04 쿠키 틀을 올려놓고 그래뉼 왁스를 뿌려주세요.

05 아크릴 물감을 이용해 글자를 써주세요.

06 산적꼬지를 이용해 케이크 위에 구멍을 내주세요.

07 케이크에 심지를 꽂아주고,

08 리본으로 장식해 마무리 해주세요.

09 웨딩 케이크 양초

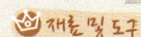
재료 및 도구

화이트 왁스, 향료, 염료, 심지,
케익 틀, 이형제, 장미 실리콘 몰드,
나뭇잎 몰드, 만지작 양초, 화이트펄

갤러리아 타임월드점에서 전시회를 해야 해서 뭘 만들어 전시하나 고민하다 웨딩을 콘셉트로 만들었어요. 결혼식 날 잡은 친구가 달라고 졸라대네요. "친구야 너 하는 거 봐서 줄께."

01 화이트 왁스를 녹여주세요.

02 케이크 틀에 이형제를 뿌려주세요(2단이라서 케이크 틀 소, 중을 사용했어요).

03 녹여준 화이트 왁스에 향료와 염료를 섞어 잘 저어주세요. 핑크로 만들어봤어요.

04 케이크 틀에 3을 부어주고 장미 실리콘 몰드에도 부어줍니다. 1에 색과 향을 넣어 나뭇잎 몰드에도 부어줍니다.

05 다 굳으면 틀에서 빼내 붙여준 뒤 작은 꽃부터 배치하여 장식 해주세요.

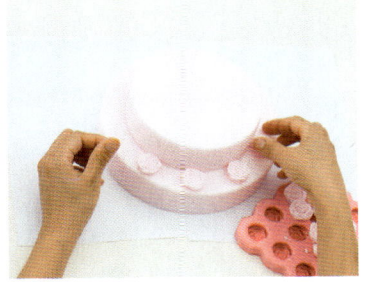

06 산적꼬지로 심지 구멍을 내고 심지를 꽂아주시요.

07 큰 장미를 올려 배치 해주새요.

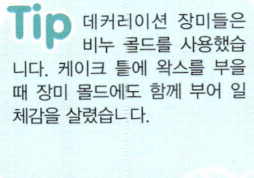
Tip 데커레이션 장미들은 비누 콜드를 사용했습니다. 케이크 틀에 왁스를 부을 때 장미 몰드에도 함께 부어 일체감을 살렸습니다.

 **10 냅킨을 이용한 크리스마스 양초**

재료 및 도구

파라핀 왁스
(멀티 왁스+수축 방지제 1% 첨가),
오각뿔 몰드, 이형제, 냅킨, 접착제,
스펀지

교회 집사님인 엄마를 따라서 교회에 다니던 그 시절에 어린이 영어설교 시간이 있었어요. 외국인 전도사님이 말씀하셨는데 설교보단 하얀 전도사님의 얼굴이 신기해서, 또 예배 후 과자가 맛있어 갔던 일이 생각납니다. 그림을 그리기 어려워하는 초보 분들도 쉽게 만들 수 있도록 냅킨을 이용했어요.

01 파라핀 왁스(멀티 왁스+수축 방지제 1% 첨가)를 녹여주세요.

02 오각뿔 몰드에 이형제를 뿌리고, 심지를 고정시킨 후 1에 향료를 넣고 부어주세요.

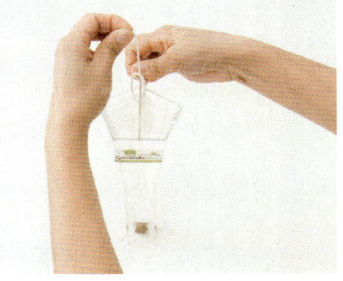

03 심지 고정대에 면 심지를 한 번 감아 팽팽히 당겨주세요.

04 매듭한 후 틀 홈에 심지 고정대를 고정한 모습입니다.

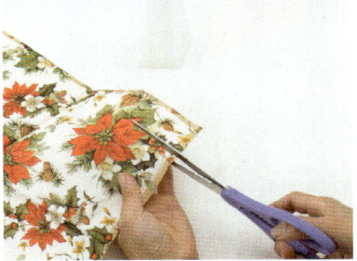

05 굳은 초를 몰드에서 분리하고 준비한 포인세티아 그림의 냅킨을 오려주세요.

06 몰드에서 분리한 초에 접착제를 이용하여 오린 그림을 붙여주세요.

07 붙인 그림 위에 물감으로 그림을 예쁘게 꾸며주세요.

08 스펀지에 금석 펄 물감을 찍어 초에 찍어주면 완성입니다.

II 크리스마스 양초

더블 컨테이너 기법을 활용한 양초입니다. 잔 속에 꽃을 넣어 빛이 투영되게 만들었고 그 잔에 꽃이 영원히 담기길 바래 보티브 용기를 넣어 티라이트만 교체해주면 되는 정말 실용적인 아이템 양초랍니다.

⊗ 재료 및 도구

젤 왁스 MP, 유리 용기, 향료, 보티브 유리 용기, 컬러 스톤, 조화

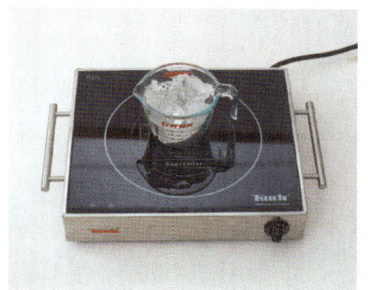

01 젤 왁스를 녹여주세요.

02 유리 용기에 꽃에 어울리는 색의 컬러 스톤을 2~3cm 정도 깔아주세요.

03 쌓아놓은 컬러 스톤 위에 조화를 세워 꾸며주세요. 빠지지 않게 조화를 컬러 스톤 안에 잘 심어주세요.

04 녹여놓은 젤 왁스에 향료를 섞어 용기에 1/2 정도 부어주세요.

05 보티브 유리 용기를 가운데에 넣어 고정시켜주세요.

Tip 조화를 사용할 때 주의할 점
조화에 따라 색이 빠지는 경우가 있으니 미리 종이컵에 녹인 왁스를 넣고 조화를 담가 색이 빠지는지 테스트 해보고 사용하세요. 제 경우엔 크리스마스 꽃인 포인세티아 조화를 사용했어요.

12 포토 스탬프를 이용한 프러포즈 양초

기존의 만지락 메시지 양초 키트에는 문구만 적을 수 있었어요. 문구도 좋지만 저만의 포토 스탬프를 이용해 문구 대신 사진을 담아 단하나 밖에 없는 나만의 프러포즈 양초를 만들어보았습니다.

재료 및 도구

만지락 메시지 양초 키트,
만지락 양초, 스탬프

01 만지락 메시지 양초 키트를 꺼내주세요.

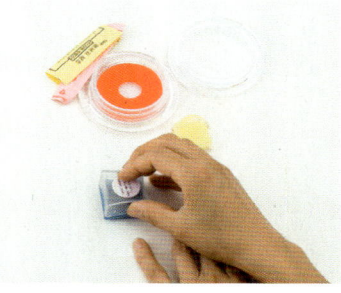

02 종이 위에 스탬프를 찍어주세요.

03 스탬프를 찍은 종이를 가위로 적당하게 자른 뒤 올려주세요.

04 종이 위를 만지락 왁스로 가려주세요.

05 모서리에 심지를 꽂아주세요.

Tip 프러포즈 양초를 이용한 이벤트 활용 방법

프러포즈 양초로 이벤트를 하려면 먼저, 테이블에 메시지 양초를 먼저 세팅해놓고 잠시 나갔다가 약 2~3분 후에 들어오세요. 메시지를 본 연인의 얼굴이 환해지며 벅차있을 거예요.

chapter 04

주고 싶고 받고 싶은
선물용 양초

13 둘이 합쳐 하나가 되는 커플 양초

재료 및 도구

표준 파라핀 왁스
(멀티+수축 방지제 1% 첨가),
태극 몰드, 심지 고정대, 염료,
향료(왁스 대비 3%), 유토,
면 심지 20번, 이형제, 냅킨

사랑하는 연인에게, 내 곁을 지켜준 나의 반쪽에게 둘이 합쳐 하나로 되는 의미로 이 커플 양초를 만들어 선물해보면 어떨까요? 실제 두 개의 양초가 합쳐져 하나가 되는 양초랍니다. 기존의 태극 양초를 변형하여 첫사랑 커플이 완성되었답니다.

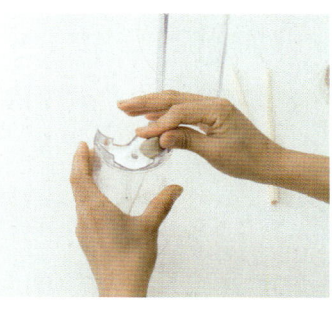

Tip 유토

찰흙처럼 생겼으나 기름 성분이 많은 유토는 몰드에 왁스를 붓고 왁스가 새는 것을 막아주는 기능을 합니다. 한 번 쓰고 버리지 않고 재사용이 가능한 것이 장점입니다.

01 표준 파라핀 왁스(멀티+수축 방지제 1% 첨가)를 넣어 녹이고, 태극 몰드에는 이형제를 살짝 뿌려주세요.

02 면 심지를 몰드 밑 부분의 심지 구멍으로 통과시켜 두 번 묶은 후 심지 구멍은 유토로 막아주세요.

03 다 녹은 파라핀 왁스를 식힌 후, 향료를 왁스 대비 3% 넣어 몰드에 부어주세요.

04 심지 고정대로 심지를 고정시켜주세요.

05 왁스가 완전히 굳은 후 몰드에서 초를 분리해주세요. 빼낸 초에 냅킨을 붙일 수 있도록 접착제를 발라주세요.

06 오려둔 냅킨을 붙여주고 물감으로 채색해주면 완성입니다.

Tip 커플 양초의 냅킨 활용 방법

커플 냅킨은 여자 남자 따로 오려 붙여 채색한 방식입니다. 선물할 때 둘을 합쳐 리본으로 묶어 가면 더욱더 근사한 선물이 아닐까 싶네요.

14 여심을 흔드는 카메오 양초

재료 및 도구

표준 파라핀 왁스
(멀티+수축 방지 1% 첨가),
사각 몰드, 심지 고정대, 염료,
향료(왁스 대비 3%), 유토, 장식물
파라핀용 심지 36번, 양초용 이형제,
카메오, 만능풀

여심을 흔드는 카메오 양초에 장식해봤습니다. 카메오를 붙여서 탈까봐 걱정할 필요 없어요. 모든 초는 동그랗게 타기 때문에 사각 초에 계속 붙어있답니다.

01 표준 파라핀 왁스에 멀티+수축 방지제를 1% 넣어 녹여주세요.

02 사각 몰드에는 이형제를 뿌려준 뒤 36번 심지를 고정하고 유토로 막아주세요.

03 다 녹은 왁스를 식힌 후 적당량을 종이컵에 부어 컬러 염료와 향료를 왁스 대비 3% 넣어 잘 섞어주세요. 잠을 푹 자고 싶은 마음에 헤이즐넛 향을 첨가했어요.

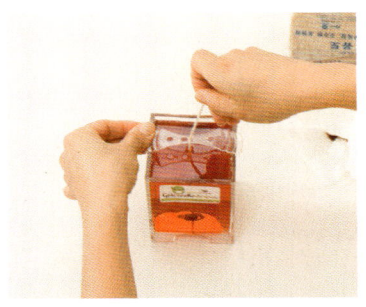

04 향료를 섞어준 파라핀 왁스를 사각 몰드에 넘치지 않도록 부어주고 심지 고정대로 고정시켜주세요.

05 다 굳은 후 몰드에서 빼낸 모습입니다

06 카메오 부분에 만능풀을 꾹 짜주세요.

07 카메오를 꾹 눌러 옆으로 배어나오게 해야 합니다. 그래야 금줄을 쉽게 붙일 수 있어요.

08 금줄을 둘러 예쁘게 장식해 마무리합니다.

Tip 만능풀을 사용하세요.
제가 사용한 접착제는 시중 문구점에 가면 흔히 있는 만능 풀이예요. 작업할 때는 흰색이지만 마르면 투명으로 바뀐답니다.

15 곱고 화려한 나전칠기 자개 양초

재료 및 도구

사각 필라, 자개, 은펄,
데코파쥬 글루(또는 접착제),
마감재, 붓

나전칠기는 참 곱고 화려하죠? 아는 나전칠기공예가 선생님께 부탁드려 이 조각을 맞췄습니다. 아주 얇은 패각을 이렇게 표현했던 옛 조상님들의 지혜가 깃들어 있어 더욱더 정이 가는 작품입니다.

01 사각 필라에 데코파쥬 글루를 이용해 전체적으로 바르고 윗면에 자개를 붙여주세요.

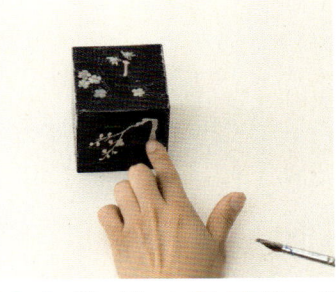

02 측면엔 매화 가지를 표현하려 이렇게 붙였습니다.

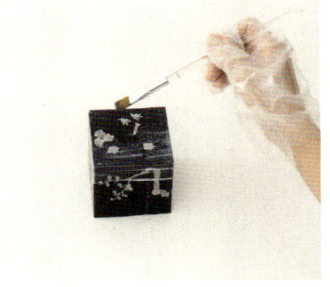

03 자개를 붙인 곳에 마감재를 발라주세요.

04 남은 측면에는 데코파쥬 글루를 묻혀 산을 표현해주세요.

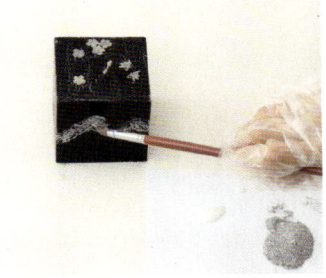

05 붓에 은펄을 붙여 4 위에 덧입혀준 뒤 전체적으로 마감재를 발라주세요.

Tip 사각 필라 만드는 방법

사각 필라 만드는 방법은 필라 만들기(36쪽)를 참조하세요. 이때 몰드는 당연히 사각을 써야겠죠. 마감재를 하지 않으면 붙인 것이 떨어지거나 손에 은펄이 묻어날 수 있어요.

16 근사한 그림을 품은 명화 양초

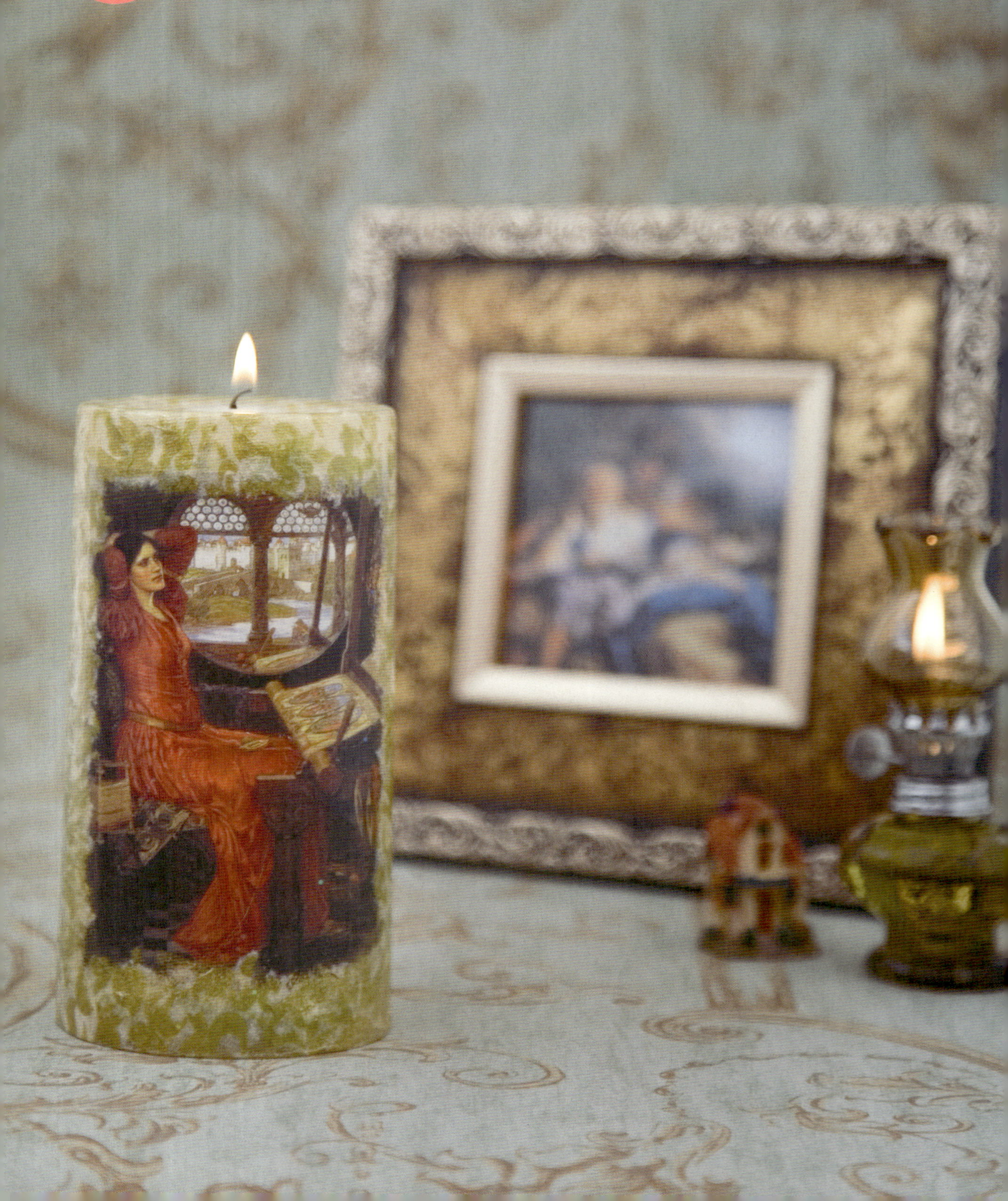

16 근사한 그림을 품은 명화 양초

재료 및 도구

원형 필라, 명화 그림, 한지,
접착제, 붓, 물감

미술 전공자는 아니지만 근사한 그림을 그린 것 같은 느낌을 살린 양
초를 만들어보고 싶었습니다. 저부터도 썩 그림을 잘 그리진 못하거든
요. 하지만 재료를 잘 선택하면 이렇게 직접 그린 것 같은 작품이 나온
답니다.

01 원형 필라를 준비해주세요.

02 오려둔 명화 전사지를 물에 담가
주세요.

03 물이 전체적으로 스며들면 그림
을 꺼내주세요. 접착제로 필라 초
전체에 붙입니다.

04 스펀지를 이용해 한지에 금색 물
감을 채색해주세요.

05 한지를 붙일 곳에 접착제를 발라
주세요.

06 콜라주 기법을 응용해서 바탕에
한지를 손으로 찢어서 명화의 주
변에 전체적으로 붙여주면 완성
입니다.

Tip 콜라주 기법이란?
콜라주란 옛날 유화의
한 부분에 벽지, 악보 등의 인쇄
물을 풀로 붙여 표현했던 미술
기법을 말합니다. 일반적으로 풀
로 붙여서 표현하는 것을 콜라주
기법이라고 한답니다.

17 결혼식을 빛내주는 예비신부 양초

결혼식 날까지 설레는 맘으로 이것저것 준비하던 그때가 기억납니다. 직접 만든 식권, 손수 만든 청첩장, 정성 담은 답례품까지…. 여러분도 한번 해보세요. 잊히지 않는 특별한 기억으로 남을 거예요.

재료 및 도구

이지 필라초, 스템프, 물전사지, 엠보싱 가루, 힛툴, 물 담은 트레이, 워터마크 스탬프 패드

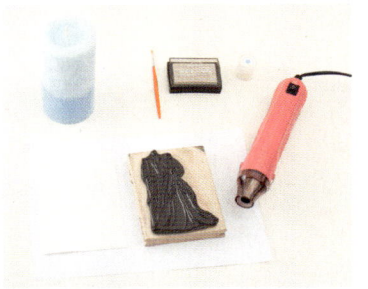

01 이지 필라초, 스템프, 물전사지, 엠보싱 가루, 힛툴, 워터마크 스템프 패드, 물 담은 트레이 등을 준비합니다.

02 워터마크 패드를 스탬프에 콩콩 찍어주세요.

03 물전사지에 스탬프를 찍어주세요.

04 엠보싱 가루를 그 위에 솔솔 뿌려준 뒤 털어내 주세요. 남은 가루는 용기 안에 담아줍니다.

05 힛툴로 천천히 열을 가하면 그림 부분이 부풀어 오릅니다.

06 스탬프 모양이 되도록 가위로 오려주세요.

07 물을 담은 트레이에 전사지를 담가주세요.

08 불린 전사지를 꺼내 양초에 배치해 자리를 잡아주세요.

09 힛툴로 살살 흔들면서 열을 가해 붙여주면 예비 신부 양초가 완성됩니다.

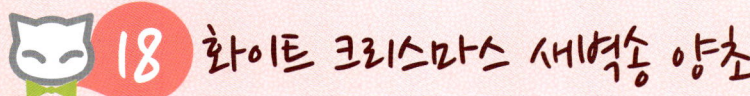

18 화이트 크리스마스 새벽송 양초

재료 및 도구

원형 필라 초, 냅킨, 접착제,
스티로폼 알갱이, 마감제, 물감, 붓

원형 필라 초에 냅킨을 붙인 후 물감으로 눈이 쌓인 모습을 입체적으로 표현한 작품이에요.

01 원형 필라 초에 냅킨을 붙일 수 있도록 접착제를 발라주세요.

02 크리스마스 분위기의 냅킨을 준비한 후 양초를 감쌀 수 있도록 냅킨을 오려 붙여주세요.

03 입체감 있는 눈을 표현하기 위해 윗부분에 스트로폼 알갱이를 붙여줍니다. 접착제에 스트로폼 알갱이를 섞어 붙여도 좋아요.

04 냅킨 위에 물감으로 별 모양을 표현해요.

05 전체적으로 반짝거리는 느낌을 주기 위해 은펄을 발라주세요.

06 은펄이 손에 묻지 않고 냅킨이 밀리는 것을 방지하기 위해 전체적으로 마감재를 발라 말려주어 완성합니다.

19 전통 한지 느낌 그대로 한지 양초

평면이었던 한지가 한 땀 한 땀 칼로 오려내는 인고를 거쳐 입체적으로 바뀌는 것을 보면서 정성이 들어가면 안 되는 것이 없구나 하고 새삼 느끼게 되네요. 스탠드형 양초에 한지를 입혀 은은한 한지 양초가 되었습니다.

재료 및 도구

고온 파라핀 왁스
(멀티+수축 방지제 1% 첨가),
사각 허리케인, 이형제, 한지,
향료(왁스 대비 3%), 접착제,
물감, 붓

01 고온 파라핀 왁스에 멀티+수축 방지제를 1% 첨가하여 녹여주세요.

02 사각 허리케인 몰드에 이형제를 뿌려준 뒤 녹여둔 파라핀 왁스에 원하는 향료를 왁스 대비 3% 넣고 부어주세요.

03 다 굳은 후 빼낸 양초에 한지를 붙이기 쉽게 접착제를 발라주세요.

04 한지 양초의 느낌을 더 살려주기 위해 전체적으로 물감을 발라주세요.

05 미리 오려둔 한지를 사방에 붙여주세요.

06 한지 위에 마감재를 발라 마무리해주세요.

20 조각칼로 예쁘게 깎은 엔틱 양초

🐱 재료 및 도구

원형 필라 초, 조각도, 도안,
아크릴 물감, 데쿠파쥬 글루,
마감제, 붓, 고체 물감

도안과 조각칼을 이용해 양초를 깎아주고 데쿠파쥬 글루를 발라 엔틱한 양초가 탄생되었습니다.

01 원형 필라 초, 조각도, 도안, 아크릴 물감, 데쿠파쥬 글루, 마감제, 붓, 고체 물감 등 재료를 준비해주세요.

02 원형 필라 초에 도안을 감싸 댄 후 볼펜으로 세게 눌러 그려줍니다.

03 눌려진 그림을 보며 조각도로 조각을 해주세요.

04 데쿠파쥬 글루(또는 접착제)를 전체에 골고루 발라주세요.

05 아크릴 물감을 발라주세요. 빨리 마르게 하기 위해 드라이기를 사용해도 좋습니다.

06 손가락을 이용해 고체 물감을 쓱 쓱 발라주면 쉽게 발라집니다. 제 경우 양각(튀어나온 부분)만 고체 물감을 발랐습니다.

21 개업 승진에 선물하기 좋은 호접란

개업식과 영전, 승진 때에 갈 때마다 어떤 화환을 보내야하나 고민하던 일이 싹 사라졌습니다. 꽃을 잘 못 키우는 분도 걱정 없이 잘 돌보고 디자인이 예뻐 어디를 가나 책상 위 테이블 위를 차지해 인기 만점인 이 효자 작품이 바로 호접란이랍니다.

재료 및 도구

젤 왁스 MP, 유리 용기,
컬러 모래, 젤 심지 36번, 향료,
심지탭 스티커, 헤라, 조화

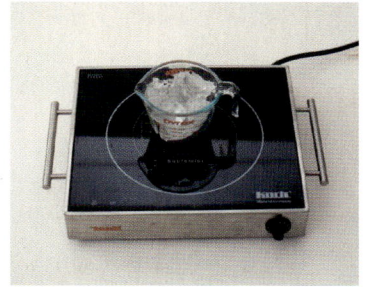

01 젤 왁스를 녹여주세요.

02 심지탭 스티커를 이용해 유리 용기 중간에 심지를 고정시켜주세요.

03 컬러 모래를 바닥에 깔아주세요.

04 용기의 바깥쪽에 조화를 심어주세요. 심지에서 1cm 이상 띄워주세요. 초가 타면서 조화가 같이 타는 것을 방지하려면 심지 주변으로 1cm 이상 띄워줘야 한답니다.

05 다 녹고 식은 젤 왁스에 왁스 대비 3%의 향료를 넣어줍니다.

06 향료를 섞어준 젤 왁스를 유리 용기에 가까이 대고 부어주세요.

07 심지 고정대로 고정하고 굳혀주면 완성입니다

보석보다 찬란한 블링블링 보석 양초

 **22** 보석보다 찬란한 블링블링 보석 양초

블링블링 보석을 차고 싶지만 제가 차면 우리 아이들이 다칠까봐 아직도 못 차고 있어요. 그 마음을 이 양초를 보며 위안삼고 있습니다.

01 사각 필라를 준비한 후 조각도를 이용해 테두리를 사진과 같은 모양으로 깎아주세요.

02 은색 물감으로 사각 필라의 깎아준 테두리 부분을 칠해줍니다.

03 보석 그림종이를 원하는 크기대로 잘라주세요.

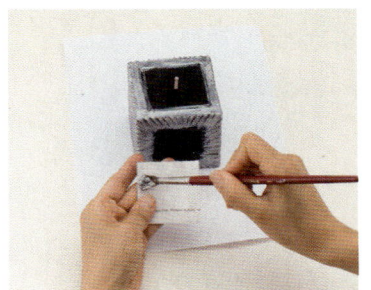

04 붓을 이용해 보석 그림종이에 접착제를 발라 붙여주세요.

05 접착제에 레인보우 펄을 섞어 전체적으로 발라주세요.

06 마감재를 발라 양초가 반짝 거리는 느낌을 살려 말려주면 보석보다 찬란한 블링블링 보석 양초가 완성됩니다.

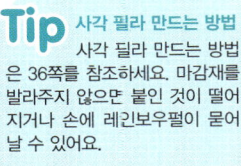

Tip 사각 필라 만드는 방법
사각 필라 만드는 방법은 36쪽를 참조하세요. 마감재를 발라주지 않으면 붙인 것이 떨어지거나 손에 레긴보우펄이 묻어날 수 있어요.

23 곱고 아름다운 크리스털 양초

팜나무에서 추출한 천연왁스 입자가 매우 곱고 반짝반짝해 크리스털이라는 이름을 붙여 크리스털 팜이라고 하는데요. 금속 제품에 넣으면 더 빛나지만 유리 잔에 넣어도 크랙 느낌이 나면서 참 어울려요.

재료 및 도구

크리스털 팜왁스, 유리잔, 염료,
향료(왁스 대비 3%),
내추럴 심지 22번, 심지탭 스티커,
냅킨, 접착제, 물감, 붓

01 크리스털 팜 왁스를 녹여주세요.

02 냅킨을 원하는 크기로 오려주세요.

03 접착제를 이용해 잘라놓은 냅킨을 붙여주세요

04 심지탭 스티커를 이용해 컵의 중앙 바닥에 심지를 잘 붙여주세요.

05 녹여놓은 팜 왁스에 향료 왁스 대비 3%의 향료를 섞어주고 염료를 섞어주세요.

06 유리잔의 윗면 1cm 아래까지 팜 왁스를 부어주세요.

07 심지 고정대로 고정시켜주고 다 굳은 뒤 심지를 1cm만 남기고 잘라 주고 굳혀주면 완성입니다.

24 알갱이에서 향이 나는 그래뉼 양초

재료 및 도구

그래뉼 왁스, 유리 용기,
파라핀 젤 겸용 36번 심지,
심지탭 스티커

하나하나의 알갱이에 아로마가 담겨있는 알갱이 왁스라서 그래뉼 왁스라고 불립니다. 알갱이에서 향이 난다고 아이들이 난리예요. 야외에서 체험학습용으로 딱이예요.

01 심지탭 스티커를 이용해 유리 용기에 심지를 고정시켜주세요.

02 아래쪽은 진한 컬러부터 부어주세요.

03 필자의 경우 여러 가지 색을 겹쳐 표현했습니다.

04 이동 및 보관이 용이하게 뚜껑을 닫았습니다.

Tip 그래뉼 왁스란?
그래뉼 왁스(Granulated Wax)는 알갱이(좁쌀) 형태의 왁스입니다. 각각의 컬러별로 컬러에 맞는 아로마 향이 첨가되어 있습니다.

chapter 05

침실 분위기를
바꿔주는 침실 양초

잘자라 우리 아가! 라벤더 양초

감기 때문에 잘 못자는 우리 아가를 위해서 라벤더 향을 넣은 스탠드 등을 만들어보면 어떨까요? 초에 꽃이 들어있는 것이 신기한지 아기들이 자꾸 만져본답니다. 또한 라벤더 향은 불안, 초조, 긴장 완화, 스트레스 해소, 불면증 등에 효과가 있다고 알려져 있습니다.

재료 및 도구

고온 파라핀 왁스
(멀티+수축 방지 1% 첨가),
원형 허리케인 몰드, 라벤더 조화
향료(왁스 대비 3%), 이형제

01 고온 파라핀 왁스에 멀티+수축 방지제를 1% 첨가하여 녹여주세요.

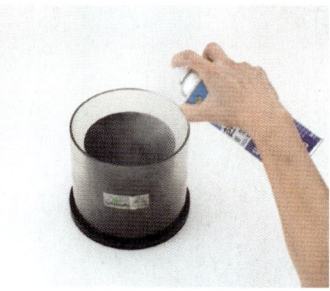

02 원형 허리케인 몰드에는 이형제를 뿌려주세요.

03 원형 허리케인 몰드에 라벤더 조화를 넣어주세요. 완성된 후의 모습은 아래쪽이 윗면입니다.

04 녹여준 고온 파라핀 왁스에 왁스 대비 3%의 향료를 넣고 섞어주세요.

05 원형 허리케인 몰드에 가득 부어주세요.

06 다 굳은 후 몰드에서 빼면 완성이에요.

Tip 향료의 양 계산하는 방법

원형 허리케인 몰드에는 고온 파라핀 왁스가 약 1kg 정도가 소요돼요. 그렇다면 향료는 얼마나 들어갈까요? 왁스 대비 3%이니 약 30g 정도를 넣어주면 됩니다.

26 진한 국화 향기가 느껴지는 국화 양초

가을날 가장 친한 친구와 함께 국화 스탠드를 켜고 국화차의 매력에 빠져봅니다. 왠지 마음이 정겨워지네요. 진한 국화 향기를 담은 국화 양초를 만들어봐요.

🐱 재료 및 도구

고온 파라핀 왁스
(멀티+수축 방지제 1% 첨가),
사각 허리케인 몰드, 이형제, 한지,
향료(왁스 대비 3%), 접착제, 붓,
마감제

01 왁스에 멀티+수축 방지제를 1% 첨가하여 녹여주세요.

02 사각 허리케인 몰드에 이형제를 뿌려준 후 녹여준 파라핀 왁스에 향료(왁스 대비 3%)를 넣고 가득 부어주세요.

03 다 굳으면 몰드에서 양초를 빼내고 붓으로 접착제를 발라줍니다.

Tip 한지를 다르게 활용해 보세요

매, 난, 죽 등 다른 배경의 한지들을 이용해 다양한 분위기를 연출해보세요.

04 미리 배접해둔 한지를 붙여줍니다.

05 마감재를 발라 마무리해주세요.

27 한 폭의 그림 같은 소나무 양초

재료 및 도구

고온 파라핀 왁스
(멀티+수축 방지제 1% 첨가),
원형 허리케인 몰드, 이형제, 한지,
향료(왁스 대비 3%), 접착제, 붓,
마감재

소나무밭에 가지 못하는 마음을 이렇게 학과 함께 한 폭으로 담아보았어요.

01 고온 파라핀 왁스에 멀티+수축 방지제를 1% 넣고 녹여주세요.

02 원형 허리케인 몰드에 이형제를 뿌려주세요.

03 녹여준 파라핀 왁스에 향료를 왁스 대비 3% 넣고 몰드에 가득 부어주세요.

04 다 굳으면 몰드에서 양초를 빼내고 접착제를 발라줍니다.

05 원하는 도안의 한지를 붙이고,

06 마감재를 발라 마무리합니다.

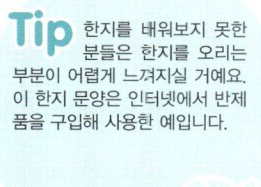

Tip 한지를 태워보지 못한 분들은 한지를 오리는 부분이 어렵게 느껴지실 거예요. 이 한지 문양은 인터넷에서 반제품을 구입해 사용한 예입니다.

28 낙엽 양초

아름답게 물든 단풍을 보며 가을 산행을 계획했습니다. 산길에 떨어진 낙엽은 운치 있는데 길가에 떨어진 낙엽은 애물단지가 되죠. 어떤 곳에 쓰임이 되는지가 참 중요한 것 같습니다.

재료 및 도구

고온 파라핀 왁스
(멀티+수축 방지 1% 첨가),
원형 허리케인 몰드, 염료,
향료(왁스 대비 3%), 이형제,
자작잎 조화

01 고온 파라핀 왁스에 멀티+수축 방지제를 1% 첨가하여 녹여줍니다.

02 원형 허리케인 몰드에 이형제를 뿌려주세요.

03 허리케인 몰드게 자작잎 조화가 바깥쪽으로 향하도록 넣어주세요.

04 녹여준 파라핀 왁스에 염료(노랑 약간)와 향료(왁스 대비 3%)를 넣고 섞어주세요.

05 여기까지 찰랑찰랑하게 부어주세요. 근사한 가을밤 정취를 느낄 수 있는 낙엽 양초가 완성되었습니다.

Tip 단풍잎으로 다르게 표현해보세요.

단풍잎으로 다르게 표현해보아도 좋아요. 붉게 물든 단풍잎 조화를 사용하면 또 다른 가을 정취를 느낄 수 있답니다.

29 원앙 양초

행복하게 오래 살라고 예단에 챙겨주시는 원앙! 그땐 그 뜻을 이해 못했습니다. 이제 두 아이의 엄마가 되어 이 원앙만큼만 살려고 합니다. 평범하지만 특별하게! 예비 부부와 함께 만들어 볼까요?

재료 및 도구

고온 파라핀 왁스
(멀티+수축 방지제 1% 첨가),
원형 허리케인 몰드,
향료(왁스 대비 3%), 이형제,
한지, 접착제, 붓, 마감재

01 고온 파라핀 왁스에 멀티+수축 방지제를 1% 넣고 녹여주세요.

02 원형 허리케인 몰드에 이형제를 뿌려주세요.

03 녹여놓은 고온 파라핀 왁스에 왁스 대비 3%의 향료를 넣고 허리케인 몰드에 부어주세요.

04 다 굳으면 몰드에서 양초를 빼내고 그 위에 접착제를 발라주세요.

05 미리 오려둔 한지를 붙여준 뒤, 마감재를 발라주세요.

Tip 허리케인 안에 초를 넣을 때 주의할 점

허리케인 안에 넣는 초는 티라이트나 보티브초 하나만 들어가야 적당하답니다. 단에 초를 하나 이상 넣게 되면 내부 온도가 올라가 허리케인 안이 녹아내릴 수 있으니 주의하세요.

30 꽃향기 가득 양초

집 근처에 플라워 랜드가 있어 전 아주 큰 정원을 얻은 느낌이에요. 계절마다 바뀌는 꽃들과 향기, 그리고 그 안에 음악 분수가 있어 1주일이 멀다하고 산책하러 다닌답니다. 이 정도면 참 행복한 삶이죠?

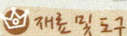
재료 및 도구

고온 파라핀 왁스
(멀티 왁스+수축 방지제 1% 첨가),
원형 허리케인 몰드,
향료(왁스 대비 3%) 이형제, 냅킨,
접착제, 아크릴 물감, 붓, 마감재

01 고온 파라핀 왁스에 멀티 왁스+수축 방지제를 1% 첨가하여 녹여주세요.

02 허리케인 몰드에 이형제를 뿌려주세요.

03 녹여놓은 고온 파라핀 왁스에 왁스 대비 3%의 향료를 넣고 허리케인 몰드에 가득 부어주세요.

04 다 굳으면 몰드에서 양초를 빼내고 그 위에 접착제를 발라주세요.

05 가위로 원하는 그림을 테두리를 남기지 말고 그림에 가깝게 오려 붙여줍니다.

06 스펀지에 물감을 묻혀 채색해주세요.

07 마감재를 발라 마무리 해주세요.

31 중국의 미가 느껴지는 붉은 등 양초

재료 및 도구

고온 파라핀 왁스
(멀티+수축 방지제 1% 첨가),
원형 허리케인 몰드, 스텐 비이커,
향료(왁스 대비 3%), 이형제, 냅킨,
접착제, 마감재, 붓, 아크릴 물감, 유토

대학 때 교환학생으로 갔던 중국의 예술문화는 붉은 것과 황금색으로 가득했죠. 특히 자금성은 기쁨과 하늘 북극성을 나타내는 자색으로 가득찼었습니다. 이 등이 그곳의 분위기에 어울릴까요?

01 고온 파라핀 왁스에 멀티+수축 방지제를 1% 넣고 녹여주세요.

02 원형 허리케인 몰드에 이형제를 뿌려준 뒤 녹여놓은 고온 파라핀 왁스에 향료(왁스 대비 3%)와 염료(진빨강)를 넣어주세요.

03 잘 섞어준 후 몰드에 부어주세요.

04 다 굳으면 몰드에서 양초를 빼내고 접착제를 발라주세요.

05 원하는 문양의 한지를 붙여주세요.

06 미리 오려둔 냅킨 뒷면에 유토를 붙여주세요.

07 몰드에 붙인 뒤 채색해주고 마감재를 발라 마무리합니다.

Tip 종이컵에 향료와 염료를 섞는 방법

원형 허리케인에 고온 파라핀 왁스를 부을 때 기존의 스텐 비이커에 향료와 염료를 넣어 붓는 방법 대신 종이컵에 향료와 염료를 섞는 방법을 사용했습니다. 그 이유는 진빨강색이 스테인비이커에 묻어나면 비이커를 여러 번 닦아내야 하는 번거로움이 있기 때문이랍니다.

chapter 06

사랑하는 가족을 위한 양초

32 수험생을 위한 양초

수험생이 있는 집안은 수험생이 한 명이 아닌 가족 전체더라고요. 사랑하는 우리 아이에게 가족들이 만들어준 초를 선물한다면 가족의 힘을 느낀 우리 아이 젖 먹던 힘까지 발휘해 합격이라는 좋은 결과물이 나올 수도 있지 않을까요?

재료 및 도구

저온 파라핀 왁스
(멀티+수축 방지제 1% 첨가),
유리용기, 파라핀통 36번 심지,
심지탭 스티커, 염료, 심지 고정대,
향료(왁스 대비 3%), 스텐 비이커

01 저온 파라핀 왁스에 멀티+수축 방지제를 1% 첨가하여 스텐 비이커에 녹여주세요.

02 용기에 심지를 심지탭 스티커를 이용해 붙여주세요.

03 녹여준 파라핀 왁스에 염료와 향료를 왁스 대비 3% 넣어주세요.

04 염료와 향료를 섞은 파라핀 왁스를 용기에 부어주세요.

05 심지 고정대로 심지의 윗부분을 고정시켜 굳혀주면 완성입니다.

Tip 파라핀 왁스에 넣는 향료는 3% 이상 넣지 마세요.

파라핀 왁스에 넣는 향료는 3% 이상 넣지 마세요. 로즈마리는 기억력 증진, 주의산만 개선, 두통에 효과적이고 뇌세포에 활기를 주어 두뇌를 맑게 해주기 때문에 수험생이 사용하기 좋은 향이라고 알려져 있습니다. 그러나 고혈압 또는 심혈관 계통의 질환이 있는 분에겐 사용하지 않는다는 원칙도 지켜져야만 합니다.

33 지친 아빠를 위한 양초

한국의 아빠들은 외국의 어느 아빠들 보다 가족을 위해 취미생활도 여가도 운동도 포기하며 열심히 일하며 희생 한다는 자료가 있었어요. 꼭 외눈박이 물고기 아빠죠. 항상 우리 아빠에게 고마워하지만 이참에 가족이 사랑한다는 표현을 이 작품으로 보여주는 계기가 되었어요. "아빠, 파이팅!"

재료 및 도구

밀랍, 대나무통, 내추럴 심지 18호, 심지탭 스티커, E.O(에센셜 오일), 심지고정대, 헤라, 스텐 비이커

01 스텐 비이커에 밀납을 넣고 녹여주세요.

02 라벨링한 대나무통에 심지를 심지탭 스티커를 이용해 고정해주세요.

03 녹여준 밀납에 에센셜 오일을 7% 이하로 넣어주세요. 저는 라벤더 에센셜 오일을 사용했답니다.

04 대나무통에 밀납을 부어주세요.

05 심지의 위치를 잡아 심지 고정대로 고정시켜 굳혀주세요.

Tip 천연 에센셜 오일은 7% 이상 넣지 마세요. 왁스 대비 10% 이상을 넣어주면 왁스가 향을 뱉어내기 때문에 좋지 않아요. 저는 스트레스 해소, Relax 효과, 불안 , 초조, 긴장 완화에 좋은 라벤더 에센셜 오일을 사용했습니다. 양초가 타면서 대나무 통까지 함께 타면 안 되기에 내추럴 심지는 대나무 통보다 한 단계 낮은 심지를 사용했습니다.

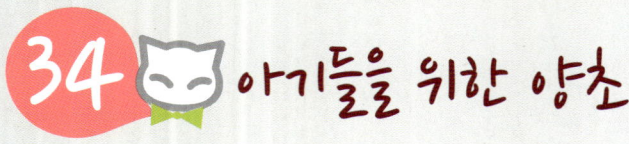

34 아기들을 위한 양초

첫 아이 출산을 기다리며 참 행복했어요. 아이를 임신한 제가 참 훌륭한 사람 같았고 우리 아이가 건강하게 잘 자라 엄마 아빠 품으로 안기기를 바라며 이것저것 준비하는 것도 참 많았죠. 그 중 하나 건강하게 잘 자라길 바라며 이 초를 만들게 되었습니다.

재료 및 도구

저온 파라핀 왁스
(멀티+수축 방지제 1% 첨가),
이지 필라초, 염료, 이형제, 쟁반,
향료(왁스 대비 3%), 스텐 비이커

01 저온 파라핀 왁스(멀티+수축 방지제 1% 첨가)를 스텐비이커에 녹여주세요.

02 쟁반에 이형제를 뿌려주세요.

03 녹여준 파라핀 왁스에 염료와 향료(왁스 대비 3%)를 넣어 섞어주세요. 전 유칼립투스 향을 사용했어요.

04 염료와 향료를 섞은 파라핀 왁스를 쟁반에 부어주세요.

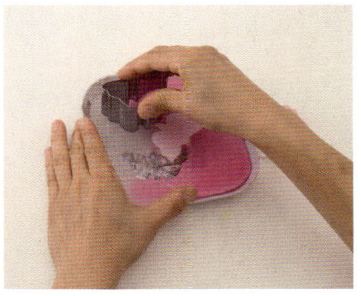

05 어느 정도 굳었을 때 나비 틀로 찍어 떼어내주세요.

06 이지 필라 초에 나비를 붙여주세요. 나비 틀을 찍은 뒤 온기가 약간 있을 때 바로 붙여주면 쉽게 붙습니다.

Tip 유칼립투스
유칼립투스는 상쾌함이 있는 그린 향이예요. 호흡기 계통의 증상 완화 효과가 있어 기관지나 콧물로 인한 두통에도 효과적인 향이라고 알려져 있습니다. 색색의 나비는 쟁반에 분홍을 먼저 붓고 흰색을 부어 그러데이션 효과를 주어 찍어냈어요.

35 잠 못 이루는 엄마를 위한 양초

재료 및 도구

표준 파라핀 왁스
(멀티+수축 방지제 1% 첨가),
면심지 36번, 필라 몰드, 이형제,
향료(왁스 대비 3%), 염료, 스탬프,
워터마크, 물전사지, 엠보싱 파우더,
힛툴, 가위, 물

모유수유를 했던 저에겐 2시간에 한 번씩 깨어 아이에게 수유하는 것이 정말 보람되긴 했지만 잠이 부족해 힘들었어요. 왜 그땐 아이가 잘 때 함께 자지 않고 청소며 빨래며 깔끔병에서 못 벗어났던지. 그러다 보니 잠이 부족해 짜증도 더 냈던 것 같아요. 이제 신세대 엄마들은 아이가 잘 때 함께 자면서 건강을 지켜내세요.

01 표준 파라핀 왁스에 멀티+수축 방지제를 1% 넣고 녹여주세요.

02 필라 몰드에 이형제를 뿌려주고 면심지 36번을 끼워주세요.

03 심지를 2번 묶어 매듭을 주고 유토로 막아주세요.

04 1어 염료와 향료(왁스 대비 3%)를 넣고 섞어 몰드에 반만 부어주세요.

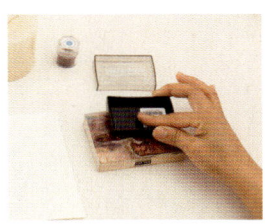

05 다 굳은 후 몰드에서 꺼낸 양초를 준비하고 워터마크에 스탬프를 찍어주세요(필자의 경우에는 스탬프가 커서 스탬프에 워터마크를 찍었어요).

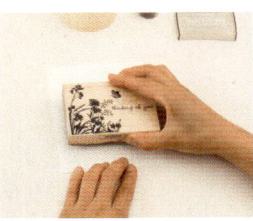

06 물전사지에 스탬프를 찍어주세요.

07 6에 엠보싱 파우더를 솔솔 뿌려주세요.

08 힛툴로 천천히 열을 가해주세요(전사지에서 10㎝ 이상 띄워줘야 하그 흔들면 안돼요).

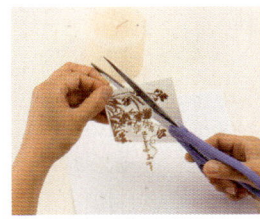

09 그림에 가깝게 가위로 오려줍니다.

10 물에 담가주세요.

11 뒷면은 떼어내고 앞면만을 사용해 초에 붙여 힛툴로 흔들면서 열을 가해주세요(힛툴이 너무 가까우면 초가 녹아 깔끔하지 않아요).

Tip 헤이즐넛 향을 사용해 보세요!
필자의 경우 헤이즐넛향을 사용했습니다. 헤이즐넛향은 여드름이나 피부 트러블에도 탁월한 효과가 있으며, 갱년기 우울증, 불면증에도 효과가 있는 것으로 알려져 있습니다.

36 휴가철 벌레 퇴치를 위한 양초

가족들과 휴가를 갈 때 알레르기가 있는 우리 딸아이가 모기에 물리면
안 되기에 전기식 매트를 항상 가지고 다녔는데요. 문제는 전기가 지원
되지 않는 곳이 있잖아요. 그래서 휴가철 벌레 퇴치를 위한 양초를 만들
어 보았습니다. 엄마표 스탬프도 찍어 자연의 품으로 들어가보려구요.

재료 및 도구

필라 초 중, 스탬프, 워터마크,
물전사지, 엠보싱 파우더, 힛툴,
가위, 물

01 워터마크에 스탬프를 찍어주세요.
제 경우엔 스탬프가 커서 스탬프
위에 워터마크를 찍었어요.

02 물전사지에 1을 찍어주고 엠보싱
파우더를 솔솔 뿌려주세요.

03 힛툴로 천천히 열을 가해줍니다. 힛
툴을 사용할 때는 전사지에서 10cm
이상 띄워야 되고 흔들면 안돼요.

04 그림에 가깝게 가위로 오려주세요.

05 물에 담가주세요.

06 뒷면은 떼어내고 앞면만을 초에
붙여주세요.

07 힛툴로 흔들면서 열을 가해주세
요. 힛툴이 너무 가까우면 초가
녹아 깔끔하지 않아요.

Tip

1. **필라초 간드는 방법**
36쪽에 자세히 나와 있으
니 참고하세요. 향을 다르게 하고 만
들어보았어요.

2. **시트로넬라향**
가벼운 레몬 향으로 곤충 기피제(살충효
과), 우울증 해소, 두통, 편두통에 효과
가 있는 것으로 알려져 있습니다.

chapter 07

푸드 & 음료 양초

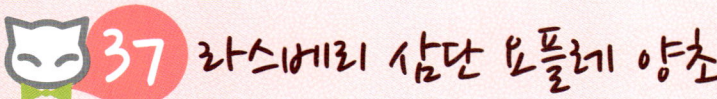

37 라스베리 삼단 요플레 양초

재료 및 도구

화이트 왁스, 파라핀용 양초 심지 36번, 심지탭, 심지탭 스티커, 유리 용기, 염료, 라스베리 엠베드, 향료(왁스 대비 3%)

우리 집은 아빠가 아이들을 위해 요구르트를 직접 만들어줘요. 물론 요구르트 기계를 사용하긴 하지만 사 먹는 것 보다 영양도 있고 당분은 적기에 아이들이 정말 잘 먹었습니다. 엄마가 그동안 못 만들어줘서 이참에 만들어 주었더니 우리 애들 속아주네요. 아유, 고마워라.

01 전열기구를 이용해 화이트 왁스를 녹여주세요.

02 심지탭 스티커를 이용해 유리 용기에 심지를 붙여주세요.

03 녹여준 화이트 왁스를 종이컵에 따라 향료와 왁스 대비 3%의 갈색 염료를 넣어 유리 용기에 부어주세요.

Tip 라스베리 엠베드 만들기
젤왁스 hp를 미리 녹인 후 빨강 염료와 향료(왁스 대비 3%)를 섞어 라스베리 몰드에 부어 굳혀 만든 엠베드입니다.

04 갈색을 먼저 붓고 굳힌 뒤, 분홍을 만들어 굳히고, 마지막으로 화이트를 부어 굳기 전에 엠베드를 올립니다.

05 윗면이 약간단 굳어갈 때 라스베리 엠베드를 올려 살짝 담가주세요.(2장 엠베드 만들기 참조)

38 과일 향을 품은 과일 푸딩 양초

재료 및 도구

젤 왁스(HP), 각종 라일 엠베드, 향료(왁스 대비 3%), 젤 파라핀 겸용 심지 26번, 푸딩 틀, 유토

대형마트에 가면 각종 푸딩이 즐비하잖아요. 정말 맛있어 보이는 푸딩을 양초로 만들어 보고자 시도했더니 마트보다 더 다양한 종류의 푸딩이 있다며 우리 애들이 진짜 푸딩을 만들어 달라고 몇날 며칠을 졸라댔답니다.

01 젤 왁스(HP)를 파이렉스에 넣고 녹여주세요.

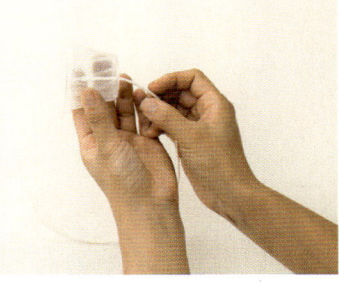

02 스텐 심지 고정대를 불에 달궈 푸딩 틀에 구멍을 내주고 심지를 통과시켜주세요.

03 심지를 2번 매듭하고 유토로 평평하게 막아주세요. 유토 부분이 바닥이에요.

04 녹여준 젤 왁스에 왁스 대비 3%와 향료 염료를 넣어주세요. 제 경우엔 과일 향을 넣었어요.

05 향료와 염료를 섞어준 젤 왁스를 틀에 조금 부은 후 오렌지 과일 엠베드를 넣고 4를 다시 부어주세요.

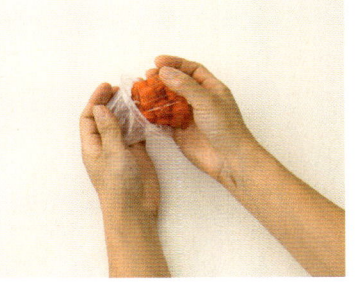

06 산딸기 과일 겜베드를 넣고 다 굳은 후 유토를 제거하고 매듭을 풀은 뒤 틀에서 꺼내주세요. 저는 색색의 푸딩을 만들어 보았어요.

Tip 젤왁스 HP로 만들어서 나중에 녹아 흐르는 것을 방지할 수 있었어요. 항상 탱탱한 푸딩이어서 더 신선해 보인답니다. 보는 이들이 실제 같아서 손으로 꼭 꼭 만져본답니다. 손의 지문이 푸딩에 그대로 찍혀 안타까우면서도 진짜 같아서 그러는 것이니 한편으로는 뿌듯하답니다.

39 생맥주 양초

올 여름 월드컵 축구를 보면서 지인 분들과 생맥주를 무던히도 마셔댔어요. 덕분에 뱃살 핑계를 맥주 탓이라고 둘러댔죠. 뱃살을 줄이려 바라만 봐야하는 이젠 마실 수 없는 맥주를 만들어 보았습니다.

재료 및 도구

표준 파라핀 왁스
(멀티+수축 방지제 1% 추가), 거품기,
젤 왁스 MP, 염료, 향료(왁스 대비 3%),
생맥주 잔, 심지탭, 심지탭 스티커,
젤&파라핀 겸용 양초 심지 36번 20cm,
주걱, 스테인리스 볼

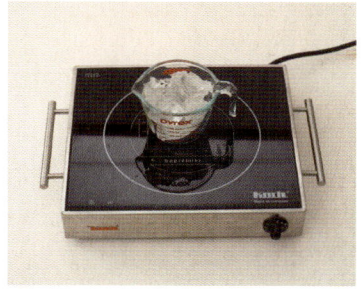

01 젤 왁스 MP를 전열기구에 녹여주세요.

02 심지탭 스티커를 이용하여 심지를 맥주잔에 잘 고정해 주세요.

03 녹여준 젤 왁스 염료와 왁스 대비 3%의 향료를 넣고 낙하 폭을 주면서 손잡이 윗부분까지 부어주세요. 이때 온도는 약 90℃입니다. 기포가 깊이 생기게 하려고 낙하 폭을 많이 주었어요.

04 표준 파라핀 왁스에 멀티+수축 방지제를 1% 추가하여 스테인리스 볼에 넣고 녹여 식힌 후 거품기로 거품을 내주세요.

05 주걱으로 자연스럽게 아래로 흘러 넘치게 떠 넣어주세요.

06 심지를 가위로 잘라주면 완성입니다.

Tip 파라핀 왁스를 제일 먼저 녹인 후 식혀주세요.
붓는 젤 왁스의 온도가 너무 낮으면 끝까지 침투를 못하기 때문에 90℃~100℃ 온도를 지켜주세요.

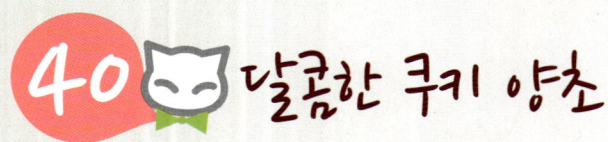

40 달콤한 쿠키 양초

🐱 재료 및 도구

표준 파라핀 왁스
(멀티+수축 방지제 1% 첨가),
파라핀용 양초 심지 26번 쿠키 틀,
염료, 향료(왁스 대비 3%), 이형제,
거품기, 스테인리스 볼 주걱

입덧이 심해 아무것도 못 먹을 때 병원에서 아침식사로 크래커나 비스킷을 권해주셨는데 전 달콤한 쿠키만 찾아서 먹었었어요. 쌉싸래하면서도 달콤한 초콜릿 계열의 쿠키만 먹어서인가? 아이가 피부색이 깜해요. 남자 아이라서 건강해보이면서 정말 예쁘게 태어났어요. 평생 태닝 안 하고 건강해보이는 "아들아, 엄마에게 감사해라."

01 표준 파라핀 왁스에 멀티+수축 방지제를 1% 첨가하여 녹여주세요.

02 쿠키 틀에 이형제를 뿌려주세요.

03 녹여둔 파라핀 왁스 향료 왁스 대비 3%의 염료를 넣고 섞어주세요.

04 잘 섞어준 후 틀에 부어주세요.

05 윗부분이 굳은 후 산적용 꼬치를 이용해 심지 구멍을 만들어 주세요.

06 녹여준 파라핀 왁스를 스테인리스 볼에 넣고 녹여 식힌 후 거품기로 거품을 내주세요.

07 쿠키 틀에서 꺼낸 쿠키 모양 초에 거품을 올려주세요. 심지 구멍은 피해서 올려주세요.

08 만들어둔 심지 구멍에 심지를 꽂아주면 완성입니다.

Tip 심지에 구멍 만드는 방법
이 몰드는 비누 몰드였어요. 이 몰드처럼 문양이 앞으로 되어있는 경우엔 미리 심지 넣을 구멍을 만들어주어야 합니다. 심지 구멍은 바닥이 보일 정도로 깊숙이 내주고 심지 굵기보다 더 크게 내주어야 나중에 심지를 넣을 때 무리가 안 됩니다.

41 소프트 아이스크림 양초

😺 재료 및 도구

표준 파라핀 왁스
(멀티+수축 방지 제 1% 첨가),
젤 왁스 HP, 향료(왁스 대비 3%),
염료, 젤 파라핀용 색심지,
이형제, 거품기, 스테인리스 볼
아이스크림 스쿱, 각종 과일 엠베드

살을 찌우겠다고 소프트 아이스크림을 먹던 제 친구가 생각납니다. 그 친구는 저와 똑같이 먹는데도 살이 진짜 안찌더군요. 전 그 친구가 부러웠는데 그 친구는 절 부러워하더군요. 임신해서 체중이 늘지 않으니 아이에게 영양분을 제대로 못줄까 걱정하던 내 친구, 지금은 멀리 미국 얼바인에 있어 도란도란 얘기도 못하고 있어요. 기회가 되면 제가 먼저 꼭 찾아가볼래요. "내 친구 연선아! 그동안 건강해."

01 표준 파라핀 왁스에 멀티+수축 방지제를 1% 첨가하여 녹여주세요.

02 녹여준 파라핀 왁스를 스테인리스 볼에 넣고 녹여 식힌 후 염료와 왁스 대비 3%의 향료의 넣고 거품기로 거품을 내주세요.

03 아이스크림 스쿱으로 떠준 후 심지 구멍을 내주세요.

04 아이스크림 잔에 각종 과일 엠베드와 아이스크림을 올려주세요.

05 젤 왁스 HP를 파이렉스에 넣고 녹여주세요.

06 녹여준 젤 왁스를 향료(왁스 대비 3%)와 염료를 넣고 섞어주세요.

07 아이스크림 잔에 향료와 염료를 섞어준 젤 왁스를 시럽처럼 흘려준 후 굳혀주면 완성이에요.

Tip 색 심지를 사용하세요.
아이스크림에 꽂은 심지는 색상이 다양한 색 심지를 사용했어요. 아이스크림에 뿌려준 시럽을 주황으로 연출한 이유는 주황색이 식욕을 당기는 색이기 때문이랍니다.

42 한가위 송편 양초

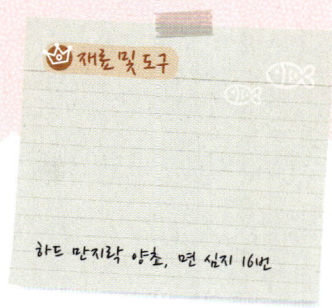
재료 및 도구

하트 만지락 양초, 면 심지 16번

한가위에도 만들지 않고 사다 먹는 송편을 양초로 만들어 보았습니다. 제 작품이어서 그런지 더 운치 있고 맛있어 보이네요. 다음 추석에는 어머님께 제가 만든 송편이라며 이 초를 보여 드려야겠어요. 시집을 잘 가서 명절에 명절 음식도 많이 안 하다 보니 음식 실력이 늘지 않아요. 한식조리사자격증이 무색할 정도라니깐요.

01 하드 만지락 양초를 준비해주세요.

02 송편 초를 표현할 만지락을 동그랗게 만들어주세요.

03 송편을 표현할 만지락을 앞의 송편 초보다 크그 동그랗게 만들어주세요.

04 동그란 만지락을 고깔 모양으로 빚어주세요.

05 고깔 모양 만지락에 동그란 만지락을 넣고 송편 빚듯이 오므려주세요.

06 심지를 꽂아주세요.

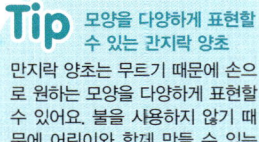
Tip 모양을 다양하게 표현할 수 있는 관지락 양초

만지락 양초는 무르기 때문에 손으로 원하는 모양을 다양하게 표현할 수 있어요. 불을 사용하지 않기 때문에 어린이와 함께 만들 수 있는 좋은 재료랍니다.

43 날치알 막기 양초

재료 및 도구

이지 파라핀, 비즈시트(검정),
색심지, 향초(왁스 대비 3%),
그래뉼 양초, 날치알 엠베드

가족들이 외식을 할 때면 횟집을 가는데 회를 좋아하는 어머님보다 스끼다시를 좋아하는 우리 남편과 아이들 때문에 식당 선택은 어머님이 져주세요. 식사 때 마지막으로 나오는가 꼭 사람 수 만큼 나오는데 아이들은 제외예요. 막기를 좋아하는 저는 꼭 "우리 가족 7명이예요 잘 해주세요." 하고 식당 이모께 외칩니다.

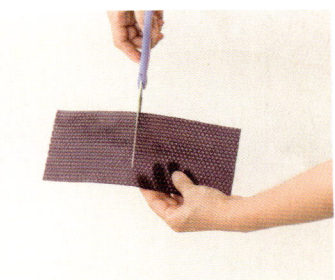

01 검은색 비즈시트를 가위를 이용해 1/2 크기로 잘라주세요.

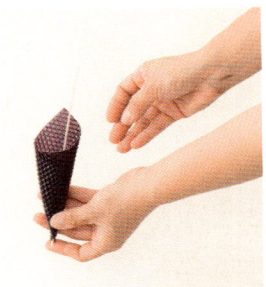

02 고깔 모양으로 말아준 뒤 심지를 꽂아주세요. 이때 손가락으로 심지를 꼭 잡고 있어야 해요.

03 스테인리스 볼에 이지 파라핀을 넣고 녹여 왁스 대비 3%의 향료를 넣고 거품기로 거품을 내주세요.

04 김 모양의 비즈시트에 거품을 내준 이지 파라핀을 주걱으로 떠서 넣어주세요.

05 미리 날치알 엠베드를 준비해주세요.(참조 2장 엠베드 만들기)

06 윗부분에 날치알 엠베드를 올려 모양을 꾸며준 후 사실감을 표현하기 위해 그래뉼 왁스를 뿌려 마무리해주세요.

Tip 엠베드란?
Embedded(스며들다)에서 유래했어요. 양초에선 모양의 일부분을 미리 만들어 놓는 것을 말해요. 속에 들어가는 모양이기도 하고요.

엠베드는 파라핀 왁스를 사용할 땐 고온 파라핀 왁스를 멀티 수축 방지제와 함께 녹여 만들고 젤 왁스를 사용할 때 HP 또는 SHP를 사용합니다. 그 이유는 용기 안이나 양초 안에 넣는 모양이라서 형태가 유지되어야 하기 때문입니다. 단단한 재료로 만들고 시간이 날 때마다 자주 쓰는 엠베드는 짬짬이 만들어 놓으면 수월합니다.

44 달걀 후라이 양초

다이소에 소품 사러 갔다가 우연히 발견한 프라이팬이 정말 예쁘고 깜찍해 달걀 후라이를 만들어야겠다는 생각에 즉흥적으로 구입해 만든 양초랍니다. 실제와 같은 노른자의 컬러를 내기 위해 고심을 많이 했던 작품입니다.

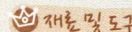
재료 및 도구

화이트 왁스, 젤왁스 MP, 색심지,
후라이팬, 달걀 껍질, 이형제,
향료(왁스 대비 3%), 염료, 핫건

01 화이트 왁스와 젤 왁스를 각각 녹여주세요.

02 다 녹은 화이트 왁스에 왁스 대비 3%의 향료를 넣고 프라이팬에 부어주세요.

03 달걀 껍질에 이형제를 뿌려주세요.

04 다 녹은 젤 왁스에 염료와 왁스 대비 3%의 향료를 넣어주세요.

05 달걀 껍질에 4를 노른자 크기만큼 부어주세요.

06 다 굳은 후 달걀 껍질을 떼어주세요.

07 흰자 위에 올려놓고 핫건으로 살살 녹여 잘 달라붙게 해주세요.

08 심지를 꽂고 이쑤시개로 심지를 돌돌 말아주세요.

Tip 화이트 왁스는 멀티 방지제와 수축 방지제를 넣지 않아요.

화이트 왁스는 멀티 방지제 수축 방지제를 넣지 않는 장점이 있어요. 색이 불투명하면서 수축이 거의 없는 장점 때문이죠. 화이트 왁스를 사용했기 때문에 달걀 후라이 양초를 만드는 것이 가능했답니다. 점도는 젤과 파라핀의 중간이어서 부드럽고 연한 색감을 주는 특성이 있어 음식 재료로 딱이예요.

 **45** 8색 간편 돌돌 모듬 김밥 양초

재료 및 도구

비즈시트 키트(흰색, 검정색, 연두색,
진초록색, 빨간색, 연갈색, 주황색,
노란색), 색 심지

야외에 나들이 갈 때 꼭 필요한 김밥! 엄마가 김밥을 싸실 때면 꼭 옆에 붙어 김밥 꽁다리를 먼저 먹으려고 난리법석을 떨었었죠. 그때 기억을 되살려 손으로 조물조물 김밥 양초를 만들었습니다.

01 김밥을 만드는데 사용할 비즈시트를 흰색, 검정색, 연두색, 진초록색, 빨간색, 연갈색, 주황색, 노란색으로 준비합니다.

02 김밥의 가장 가운데에 넣을 재료에 심지를 넣은 후 도르르~ 말아주세요. 전 햄을 선택했어요.

03 가운데 재료를 중심으로 재료를 뭉쳐준 후 밥으로 단단하게 감싸주세요.

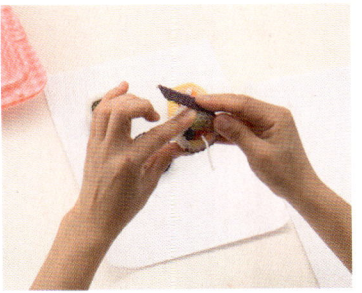

04 밥을 도톰하게 말았으면 이번엔 김을 단단하게 말아주세요.

05 산적용 꼬치를 이용하여 심지를 살짝 꼬아주면 드디어 김밥 완성!!

Tip 간편 돌돌 모듬김밥
벌집에서 추출한 비즈 왁스를 판 형태로 가공한 제품이에요. 시중에 나와 있는 김밥 키트를 사용했어요. 열을 가하지 않고 사용하기에 야외에서나 아이들과 만들기에 적합합니다.

46 계란찜 양초

도자기 그릇이 참 맘에 들어 우선 사두고 뭘 할까 생각하다가 계란찜을 만들어 보기로 했어요. 실제보다 더 차분하면서도 먹음직스러운 작품이 나와서 뿌듯했던 양초입니다.

재료 및 도구

화이트 왁스, 향료(왁스 대비 3%), 젤 파라핀 겸용 36번 심지, 염료, 스텐 비이커, 심지탭 스티커, 용기, 채소 엠베드

01 화이트 왁스를 스텐 비이커에 넣고 녹여주세요.

02 용기에 심지를 심지탭 스티커를 이용해 고정시켜주세요.

03 녹여준 화이트 왁스에 노랑 염료와 왁스 대비 3%의 향료를 넣고 섞어주세요.

04 골고루 섞은 왁스를 용기 뚜껑이 닿는 지점까지 부어주세요.

05 미리 준비해둔 채소 엠베드를 올려 마무리 해주세요.

47 무더위를 식혀주는 팥빙수 양초

지난 무더운 여름 가만히만 있어도 땀이 송글송글 맺히는 더위에 작업실에서 과정 샷을 찍기 위해 매일 불판 앞에 서있었답니다. 그 더위 덕에 정말 얼음이 가득한 팥빙수를 원 없이 먹었던 여름이었답니다.

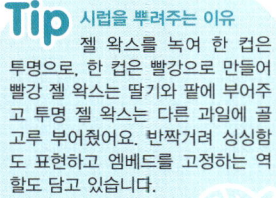
재료 및 도구

젤 왁스 HP, 이지 파라핀 왁스, 향료(왁스 대비 3%), 염료, 심지 26번, 각종 과일 엠베트, 아이스크림과 팥 엠베트, 그래뉼 왁스, 유리 용기

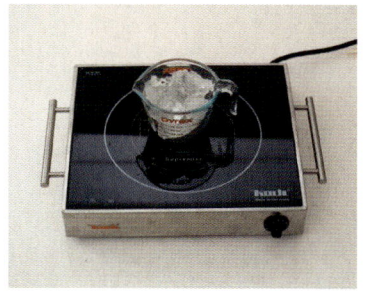

01 젤 왁스 HP를 파이렉스에 넣고 녹여주세요.

02 유리 용기에 이지 파라핀 왁스를 넣어주세요. 꼭 갈아놓은 얼음 같죠?

03 아이스크림 엠베트와 각종 과일 엠베트를 배치해주세요.(2장 엠베트 만들기 참조)

04 1에 염료와 왁스 대비 3%의 향료를 넣고 섞어주세요.

05 4를 시럽 느낌이 나도록 흘려주세요.

06 데코레이션으로 그래뉼 왁스를 뿌려주세요. 그래뉼 왁스를 뿌려주면 스프링클 같은 느낌이 나요.

Tip 시럽을 뿌려주는 이유

젤 왁스를 녹여 한 컵은 투명으로, 한 컵은 빨강으로 만들어 빨강 젤 왁스는 딸기와 팥에 부어주고 투명 젤 왁스는 다른 과일에 골고루 부어줬어요. 반짝거려 싱싱함도 표현하고 엠베트를 고정하는 역할도 담고 있습니다.

48 갓 구운 과자와 어울리는 홍차 양초

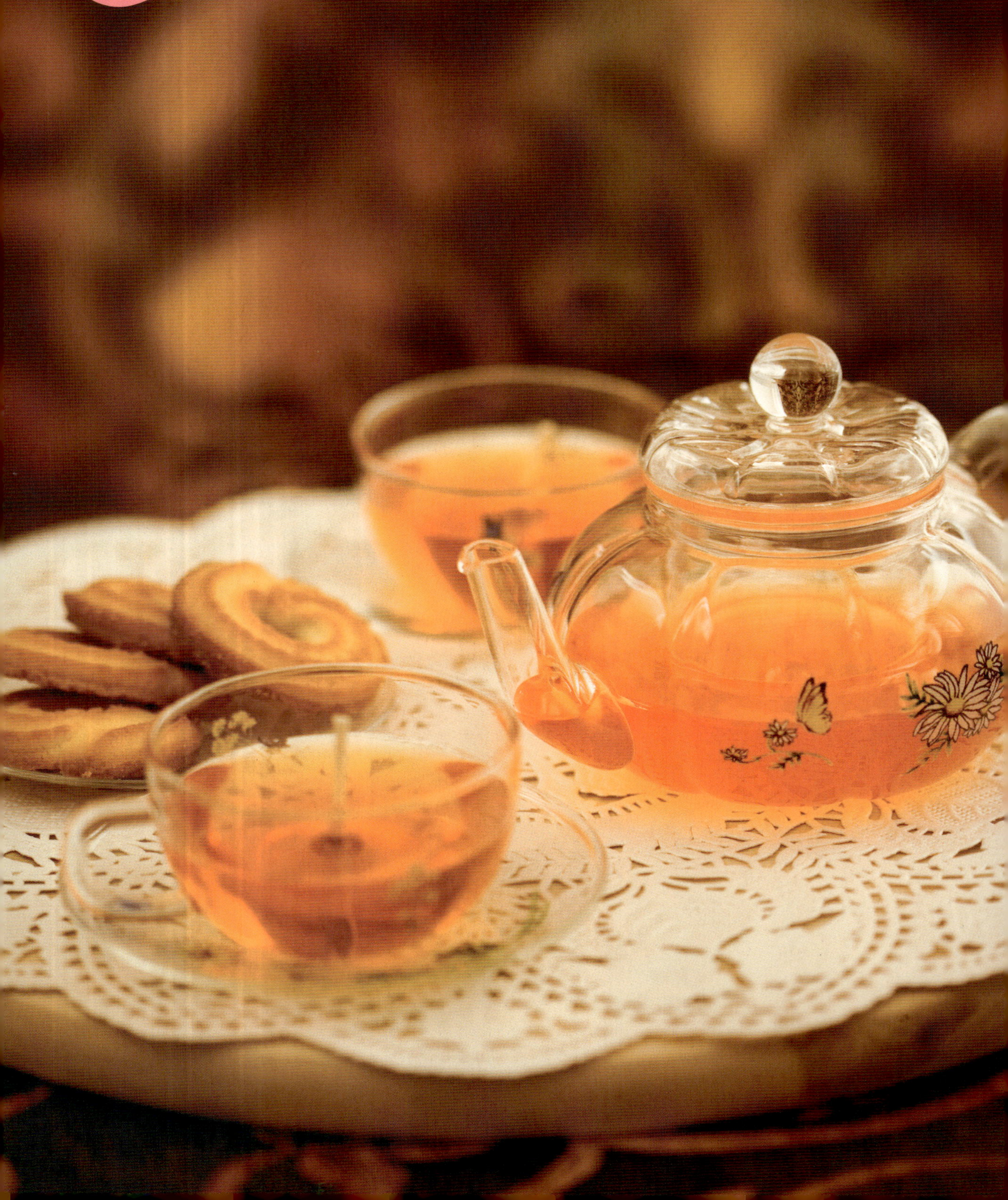

48 홍차 양초

재료 및 도구

젤 왁스(MP), 유리 용기, 염료,
향료(왁스 대비 3%), 젤 심지 26번,
심지탭, 심지탭 스티커, 헤라

브런치로 따뜻한 홍차 한 잔 어떠세요? 쌀쌀한 가을이 되면 꼭 한번 분위기 느끼려 허물없는 친구와 근처 카페에 가서 갓 구운 과자와 함께 홍차 한 잔 하려고요.

01 젤 왁스 MP를 녹여주세요.

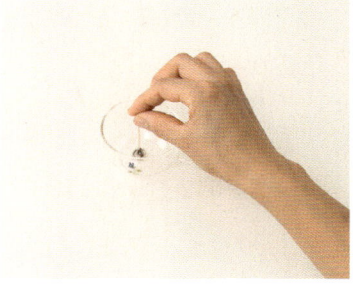

02 유리 용기에 심지탭 스티커를 이용해 심지를 고정시켜주세요.

03 1에 염료와 향료(왁스 대비 3%)넣고 용기에 부어주면 홍차 양초가 완성됩니다.

49 행복한 축배 샴페인 양초

재료 및 도구

젤왁스(MP), 샴페인잔,
젤 심지 26번, 심지탭, 심지탭 스티커,
향료(왁스 대비 3%), 염료

근사한 카페에서 샴페인과 꽃다발 반지로 프러포즈를 받는 것이 소원이었던 제게 남편은 아직도 안 해줬데요. 그렇다고 기죽을 저 아니죠. 제가 케이크와 샴페인 양초를 만들어 아주 근사한 저녁을 보낼 거예요.

01 전열기구를 이용해 젤 왁스(MP)를 녹여주세요.

02 심지탭 스티커를 이용해 음료수 잔 중앙에 심지를 고정시켜주세요.

03 녹여둔 젤 왁스에 염료와 향료(젤 왁스의 3%)를 넣고 잘 섞어주세요. 전 노랑 한 방울만 넣었어요.

04 샴페인 잔에 낙하 폭을 많이 넣어 부어주세요. 낙하 폭을 많이 주면 공기방울이 안에 가득해 더욱더 샴페인을 사실감있게 표현해 준답니다.

05 심지 고정대로 고정시켜 굳혀 주세요.

50 톡 쏘는 탄산음료 양초

재료 및 도구

젤 왁스(MP), 젤 왁스(HP),
음료수 잔, 젤 심지 36번, 심지탭,
심지탭 스티커, 향료(왁스 대비 3%),
염료, 가위

학창시절 미팅 나가 맘에 드는 사람이 없을 때 사인이 탄산음료를 시키는 것이었어요. 지금 생각해보면 한 번 보고 말건데 좀 더 맛있는 파르페나 아이스크림을 시킬걸. 그땐 왜 그리 톡 쏘는 탄산음료만을 찾았을까요?

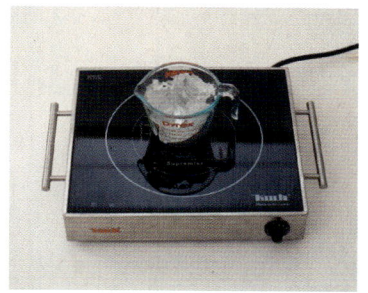

01 전열기구를 이용해 젤 왁스(MP)를 녹여주세요.

02 심지탭 스티커를 이용해 음료수 잔 중앙에 심지를 고정시킵니다.

03 다 녹은 젤 왁스(MP)에 염료와 왁스 대비 3%의 향료를 넣고 잘 섞어주세요.

04 준비한 음료수 잔에 젤 왁스를 잔의 2/3 정도가 되도록 채워줍니다.

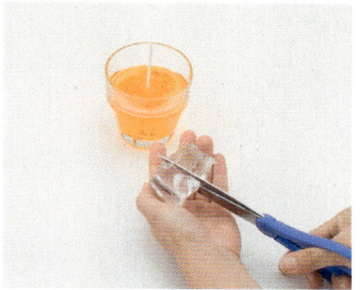

05 음료수 잔의 젤 왁스가 완전히 굳은 후 젤 왁스(HP)를 적당한 얼음 모양의 크기로 잘라 위에 올려 얼음 모양을 표현해줍니다.

06 힛건으로 젤 왁스(HP)를 윤기 나게 녹여 얼음의 생동감을 표현해주면 탄산음료 양초가 완성됩니다.

Tip 컬러별로 만들어보세요
보라색으로 포도 음료를, 초록으로 파인 음료를 만들면 진짜 같은 생동감이 느껴질 거예요.

51  온기가 느껴지는 머핀 양초

51 온기가 느껴지는 머핀 양초

향긋한 시나몬 향에 도취되어 간 곳은 집근처 빵집이었어요. 방금 나온 듯 따뜻한 온기가 느껴지는 머핀을 직접 만들어보게 되었어요.

★ 재료 및 도구

표준 파라핀 왁스
(멀티+수축 방지 제이 첨가),
파라핀통 심지 2번, 엠베드(초코칩),
향료(왁스 대비 3%), 거품기,
스테인리스 볼, 컬러 유산지, 주걱

01 스테인리스 볼에 표준 파라핀 왁스(멀티+수축 방지제 1% 첨가)를 넣고 녹여준 뒤 향료(왁스 대비 3%)를 섞고 거품기로 거품을 내주세요.

02 유산지에 심지를 넣고 거품 내준 파라핀을 주걱으로 떠서 담아주세요.

03 미리 만들어둔 초코칩 엠베드를 올려주세요.(2장 엠베드 만들기 참조)

04 산적용 꼬지를 이용해 심지를 돌돌 말아주세요.

05 태울 때는 유산지를 벗겨내고 유리 받침 또는 불에 안전한 재질 위에 초를 올려놓고 태워야 해요.

Tip 파라핀 왁스로 거품을 내는 방법

파라핀 왁스는 충분히 식힌 후, 거품 내어 주세요. 덜 식힌 상태부터 거품을 나게 되면 팔이 너무 아프답니다. 쌀뜨물 색상이 나올 때 하면 좋아요.

52 바라만 봐도 배부른 백설기 양초

재료 및 도구

표준 파라핀 왁스
(멀티+수축 방지제 1% 첨가),
파라핀통 심지 26번, 염료, 거품기,
향료(왁스 대비 3%), 스테인리스 볼,
가루 왁스, 주걱, 쿠키 틀

떡을 유난히도 좋아하는 우리 둘째, 그중에서도 꿀떡과 백설기는 밥과 바꿀 정도로 좋아해서 별명이 떡보랍니다. 상하지 않는 떡이 있어 오래도록 바라만 봐도 배부를 것 같아요.

01 스테인리스 볼에 표준 파라핀 왁스(멀티+수축 방지제 1% 첨가)를 넣고 녹여준 뒤 향료(왁스 대비 3%)와 염료를 섞고 거품기로 거품을 내주세요.

02 종이컵에 심지를 넣어주세요.

03 녹여준 파라핀 왁스를 넣어주세요(전 여러 번 하여 층층이 올려주었어요).

Tip 쑥색 배합하는 방법
쑥색은 초록과 갈색을 배합해 만들었어요. 한꺼번에 염료를 많이 넣으면 색이 진해 왁스를 더 녹여야 하니 색을 조금씩 넣어 맞춰주세요.

04 쿠키 틀을 올려놓고 가루 왁스를 뿌려주면 하트 모양이 만들어집니다.

05 산적꼬지를 이용해 심지를 돌돌 말아주면 완성입니다.

53 커피향 가득한 커피라떼 양초

출판사 기획팀의 애희씨와 쇼핑하러 가서 엔틱한 커피 잔을 보고 feel 이 꽂혀 이 양초를 만들어 보았어요. 어때요 진짜 커피처럼 맛있어보이나요?

재료 및 도구

화이트 왁스, 커피 잔,
파라핀 심지 26, 심지탭,
심지탭 스티커, 향료(왁스 대비 3%),
염료, 스텐실 도안, 가루 왁스

01 화이트 왁스를 녹여주세요.

02 심지탭 스티커를 이용해 잔 중앙에 심지를 고정시켜주세요.

03 녹여둔 화이트 왁스에 염료와 왁스 대비 3%의 향료를 넣고 잘 섞어주세요(전 갈색을 넣었어요).

04 심지 고정대로 고정시켜 굳혀주세요.

05 쿠키 틀을 올려놓고 화이트 왁스를 부어주세요.

06 하트가 살짝 녹는 느낌을 주기 위해 힛건으로 녹여주세요.

54 초코케익 양초

언제 어디서나 어울리는 초코 케이크 그 달콤함에 이끌려 한동안 무척 행복했었죠. 한참에서야 늘어난 체중의 원인을 알고는 초코 케이크와의 이별을 해야 했었어요.

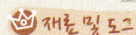
재료 및 도구

화이트 왁스, 파라-핀 심지 26번, 심지탭, 향료(왁스 대비 3%), 염료, 케이크 틀, 이형제, 채칼

01 화이트 왁스를 녹여주세요.

02 케이크 틀에 이형제를 뿌려주세요.

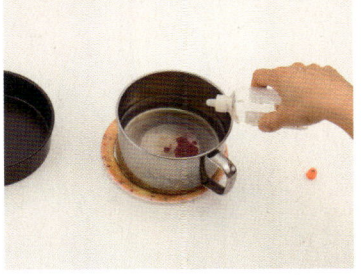

03 1에 염료와 왁스 대비 3%의 향료를 넣고 잘 섞어주세요(저는 갈색을 넣었어요).

04 3을 2에 부어주세요.

05 다 굳은 케이크 모양 왁스를 꺼내주세요.

06 산적꼬지로 심지 구멍을 내어주세요.

07 심지를 꽂은 뒤 화이트 왁스를 채칼을 이용해 깎아주세요.

08 깎은 화이트왁스를 돌돌 말아 케이크를 부드럽게 표현해주세요. 더욱 케이크의 느낌을 살려줄 수 있답니다.

chapter 08

재활용 소재를 이용한 양초 만들기

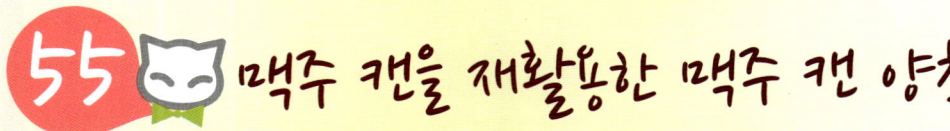

 **55** 맥주 캔을 재활용한 맥주 캔 양초

재료 및 도구

젤 왁스 MP, 맥주 캔, 염료,
젤 심지 36번, 향료(왁스 대비 3%),
스텐 비이커, 헤라, 심지 고정대

야구장에서 마시고 남은 맥주 캔을 재활용해보았어요.

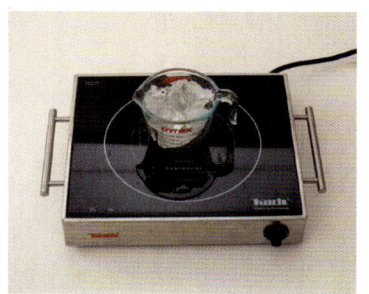

01 젤 왁스 MP를 녹여주세요.

02 캔에 젤 심지 36번을 심지탭 스티커를 이용해 붙여주세요.

03 녹여준 젤 왁스에 염료와 왁스 대비 3%의 향료를 넣고

04 캔에 부어주세요.

05 심지 고정대로 고정시켜 굳혀주면 초간단 맥주 캔 양초가 완성되었습니다.

56 우유 팩을 이용한 얼음 양초

재료 및 도구

표준 파라핀 왁스
(멀티+수축 방지제 1% 추가),
염료, 향료, 테파초, 얼음, 500ml
빈 우유 팩, 스텐 비이커, 가위, 쟁반

초등학교 아이들과 과학 수업으로 우유 팩 얼음 양초를 해보았는데 반응이 정말 뜨거웠어요. 차가운 얼음과 뜨거운 양초와의 만남이 참 신기했나봐요.

01 표준 파라핀 왁스(멀티+수축 방지제 1% 추가)를 스텐 비이커에 넣고 녹여주세요.

02 우유 팩의 상단을 잘라내고, 테파초를 가운데에 넣어줍니다.

03 우유 팩을 얼음으로 채워주세요.

04 녹여준 파라핀 왁스를 을 종이컵에 덜어, 컬러와 향료(왁스 대비 3%)를 넣어주세요.

05 얼음으로 채워 준비해둔 우유 팩에 향료를 넣은 파라핀 왁스를 부어주세요.

06 완전히 굳은 후 우유 팩을 찢어주세요. 단, 얼음이 녹으면서 물이 생기기 때문에 꼭 쟁반 위에서 작업해야해요.

07 얼음 양초를 태울 때는 꼭 유리 받침이나 불에 타지 않는 재질 위에 올려놓고 태워주세요.

Tip

1. 얼음은 가정에서 사용하는 얼음 틀에 얼려 뺀 것을 사용하면 되요. 필자의 경우는 얼음 틀 큰 것과 작은 것, 두 종류를 사용하였어요.

2. 얼음 때문에 파라핀 왁스가 들어가면서 바로 굳는답니다. 위험하지 않기 때문에 어린이와 함께 만들어도 좋아요.

3. 얼음이 녹으면서 당연히 물이 생기겠죠? 우유 팩을 찢을 때 꼭 쟁반 위에서 작업하는게 제일 중요해요!!!

57 밀랍 항아리 양초

양념통으로 가지고 있던 항아리에 운치를 담았습니다. 천연 재료인 밀납과 천연 에션셜 오일을 넣고 자연을 담아 지인께 선물해 드렸더니 참 흡족해하던 미소가 떠오르네요.

재료 및 도구

밀랍, 항아리, 내츄럴 심지 18호, 심지탭 스티커, 에센셜 오일, 심지 고정대, 헤라

01 밀납을 녹여줍니다.

02 항아리에 심지를 심지탭 스티커를 이용해 고정해줍니다.

03 녹여준 밀납에 게센셜 오일(왁스 대비 7% 이하)를 넣어 섞어줍니다.

04 항아리에 밀납을 부어주세요.

05 심지 고정대로 고정시켜 굳혀주면 완성입니다.

Tip 에센셜 오일을 사용할 때 주의할 점들

천연 에센셜 오일은 7% 이상 넣지 마세요. 저는 피로 회복, 졸음 방지, 방충 효과, 탈취 효과가 있는 페퍼민트를 사용했어요. 단, 멘톨이 주성분이기 때문에 예민한 분들은 주의하세요. 포장은 한지와 지끈을 이용하였더니 받는 분께서 참 좋아하셨어요.

 **58 커피병을 재활용한 커피병 양초**

재료 및 도구

표준 파라핀 왁스
(멀티+수축 방지제 1% 추가),
커피병, 파라핀 젤 겸용 심지 26번,
염료, 향료(왁스 대비 3%),
스텐 비이커, 헤라, 심지 고정대

스타벅스 커피 마니아인 저는 운전을 할 때도 친구와 대화를 할 때도 항상 이 커피만을 고집했어요. 병도 참 예뻐 이렇게 활용이 가능해서 효자 노릇을 톡톡히 하네요.

01 표준 파라핀 왁스(멀티+수축 방지제 1% 추가)를 스텐 비이커에 넣고 녹여주세요.

02 커피병에 심지 26번을 심지탭 스티커를 이용해 붙여주세요.

03 1에 염료와 향료(왁스 대비 3%)를 넣고 섞어주세요.

04 파라핀 왁스를 커피병에 부어주세요.

05 심지 고정대로 고정시켜 굳혀주세요.

Tip 커피 향을 넣고 만들어 친구에게 "커피 마셔!" 했더니 깜빡 속아 넘어가주는 것 있죠? 친구야 고가워!

59 파라핀 양초를 재활용한 청크 양초

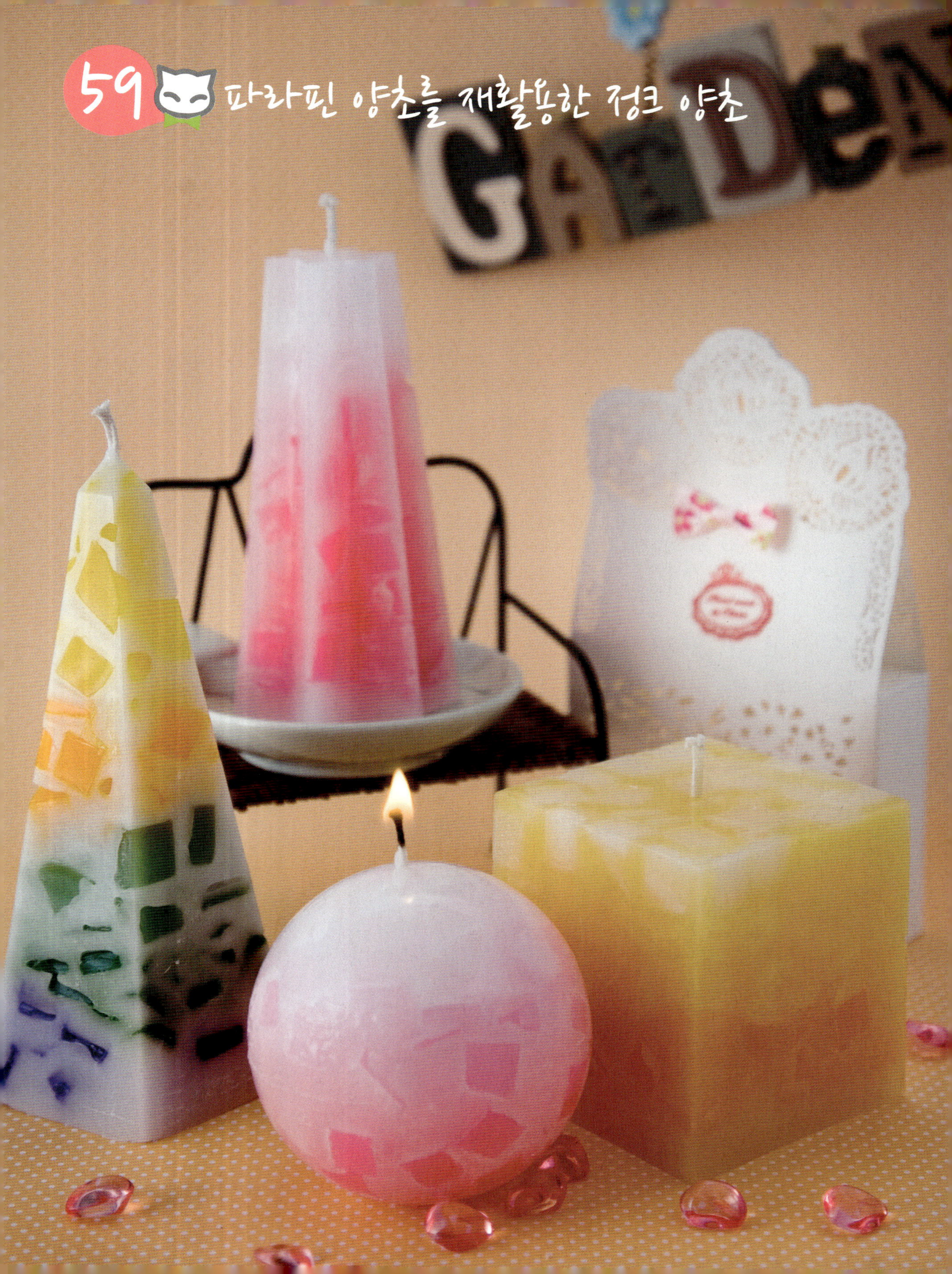

59 정크 양초

쓰다 남은 색색의 파라핀 양초 조각을 어떻게 할까 생각하다 재활용도
되고 디자인도 예쁜 정크를 만들었어요. 신비한 느낌이 드는 정크 완
성 작품의 느낌은 전혀 재활용 같지 않죠?

재료 및 도구

표준 파라핀 왁스
(멀티+수축 방지제 1% 추가),
오각뿔 몰드, 면 심지 16번, 염료,
향료(왁스 대비 3%), 스텐 비이커,
헤라, 심지 고정대, 파라핀 왁스 잔여분

01 표준 파라핀 왁스에 멀티+수축
방지제를 1% 추가하여 스텐 비이
커에 넣고 녹여주세요.

02 오각뿔 몰드에 면심지 16번을 넣
고 유토로 막아주세요.

03 파라핀 왁스 잔여분을 가위로 잘
라 준비해주세요.

04 몰드에 잘라준 파라핀 왁스를 색
색으로 넣어주세요.

05 1의 녹여준 파라핀 왁스에 왁스
대비 3%의 향료를 섞어 몰드에
부어주세요.

06 다 굳은 후 몰드에서 꺼내주세요.

Tip 쓰그 남은 양초(정크
양초)가 없을 땐?

쓰고 남은 양초(정크 양초)가 없
을 땐 얼음 틀에 색깔별로 만들
어주세요. 이 때 주의할 점은 틀
이 작아야 정크로 활용할 때 예
뻐요.

60 쓰다 남은 색색의 젤리 양초로
만든 젤리 정크 양초

60 젤리 정크 양초

재료 및 도구

젤 왁스 남은 것, 유리잔,
젤 심지 26번, 가위, 심지탭 스티커

쓰다 남은 색색의 젤리 양초를 이렇게 모아보니 고급스럽고 근사한 양초가 되었네요. 재활용도 되고 디자인도 예쁜 젤리 정크 양초는 생각보다 만들기 쉽답니다. 여러분도 지금 도전해보세요.

01 심지탭 스티커를 이용해 유리잔에 심지를 고정시켜주세요.

02 남은 젤 왁스들을 가위로 잘게 잘라주세요.

03 색색의 젤 왁스를 잘게 잘라주세요.

04 원하는 색으로 겹겹이 넣어주세요.

61 앙증맞은 미니 어항 양초

작고 앙증맞은 어항을 만들었어요. 먹이와 청소 고민이 없는 미니어항 양초는 만드는 분이나 선물로 받는 분 모두에게 너무나 좋은 아이템이랍니다.

재료 및 도구

젤 왁스 MP, 어항 용기(중),
젤 심지 26번, 향료(왁스 대비 3%),
심지탭, 스텐 스푼, 산호초,
조개, 컬러 스톤

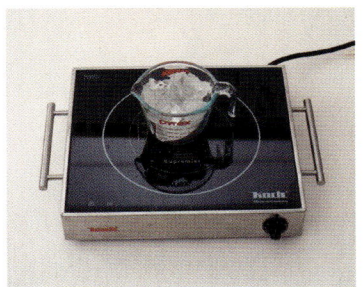

01 젤 왁스를 스텐 비이커에 녹여주세요.

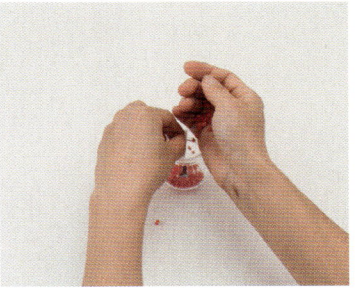

02 어항 중간에 심지를 놓고 컬러 스톤을 깔아주세요.

03 심지에서 1cm 이상 떨어진 지점 용기의 바깥쪽에 산호초와 조개를 배치해 주세요.

04 다 녹은 왁스에 향료(왁스 대비 3%)를 넣고 섞어주세요.

05 젤 왁스를 용기에 가까이 대고 부어 맑은 상태의 바닷속을 표현

06 심지 고정대로 고정시켜 주세요.

Tip

1. 젤 왁스는 꼭 유리 재질이나 스텐 재질로만 사용해야 해요.
나무젓가락으로 저어주거나, 중탕으로 녹이면 젤이 뿌옇게 되니 꼭 꼭 주의해주세요.

2. 젤 왁스를 붓는 방법은 두 가지가 있는데요.
한 가지 방법은 깨끗한 느낌이며 안에 내용물이 투명하게 보이게 하기 위해 용기에 가까이 대고 붓는 방법입니다. 다른 한 가지 방법은 기포가 생기게 하여 생동감을 주는 디자인입니다. 이 경우 용기에서 멀리 떨어지게해 낙하 폭을 많이 주고 질 왁스를 붓게 됩니다.

62 인기 만점 소라 양초 I

가족과 여름 바닷가에 가서 조개구이로 먹고 씻어놓았어요. 우리 딸아이 여름방학 숙제로 재활용을 이용한 양초 만들어 가져갔더니 인기 만점이었는데요.

재료 및 도구

젤 왁스 MP, 소라 대,
젤 심지 36번, 향료(왁스 대비 3%),
염료, 헤라, 심지탭 스티커,

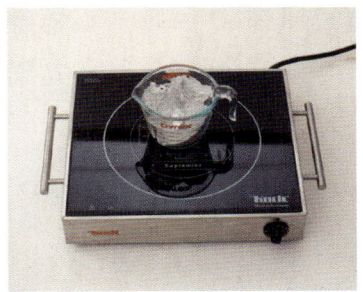

01 젤 왁스를 녹여주세요.

02 소라에 젤 심지 36번을 심지탭 스티커를 이용해 붙여주세요(돌 위에 소라를 올려놓고 작업하면 수월해요).

03 1에 왁스 대비 3%의 향료와 염료를 넣어주세요(전 파란색 염료를 사용하였습니다).

04 소라에 젤 왁스를 부어주세요.

05 심지 고정대로 고정시켜주세요.

Tip 젤 왁스는 꼭 유리 재질이나 스텐 재질로만 사용해야 해요.
나무젓가락으로 저어주거나, 중탕으로 녹이면 젤이 뿌옇게 되니 꼭 주의하세요.

63 소라 양초 Ⅱ

너무 예쁜 소라를 보고 이 모양과 똑같은 양초를 만들어달라고 우리
아들이 졸라대서 만들어주었어요. 글쎄 우리 아들은 엄마가 뭐든 다
만든 줄 알아요.

재료 및 도구

냉수 300g, 한천가루 30g,
면심지 26번, 화이트 왁스, 소라,
염료, 향료(왁스 대비 3%), 헤라,
커터칼, 파이렉스 스푼기, 저울

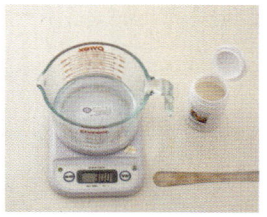

01 저울에 파이렉스 용기를
놓고 0점을 셋팅한 후
물 300g을 부어주세요.

02 1에 한천가루 30g을
넣어주세요.

03 보글보글 끓을 때까지
눌러붙지 않도록 잘 저
어 80℃로 맞춰주세요.

04 소라의 구멍 부분을 유
토를 이용해 막아주세요.

05 용기에 한천을 1cm 정
도 따른 후 소라를 넣
고 끝까지 부어주세요
(유토로 막은 부분이
아래쪽입니다).

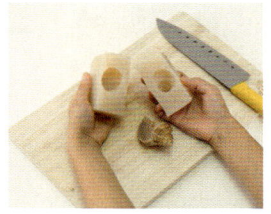

06 완전히 굳은 후, 용기
의 아랫부분을 살짝 눌
러 조심스럽게 빼주고
한천 몰드의 중앙을 칼
로 잘라 안의 내용물을
빼내주세요.

07 준비 된 한천 몰드의 윗
부분에 파라핀을 붓기
편하·도록 조금만 도려
내고 고무줄로 한천 몰
드를 고정시켜주세요.

08 화이트 왁스를 녹인 후
염료와 향료를 넣어 한
천 몰드에 부어주세요.

09 완전히 굳은 후, 한천
몰드를 분리하여 향초
를 꺼내 주세요.

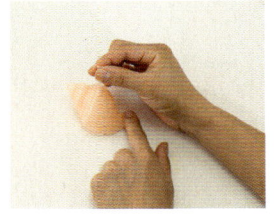

10 심지 를 고정시켜 완성
해주세요.

64 물 위에 띄운 돛단배 양초

가족들과 집근처 유등천에 종이배를 띄우다가 이초를 만들게 되었어요. 여름밤 저녁 먹고 한가로이 물가에 띄웠더니 와!!! 환상이에요.

재료 및 도구

표준 파라핀 왁스
(멀티+수축 방지 1% 첨가),
돛단배 몰드, 파라핀 심지 16번,
염료, 향료(왁스 대비 3%), 이형제

01 파라핀 왁스에 멀티+수축 방지 1% 첨가물을 함께 넣어 녹여주세요.

02 몰드에 이형제를 뿌린 후 면 16번 심지를 묶어준 후 유토로 밑을 막아주고 다 녹은 왁스를 종이컵에 적당량을 부어 염료와 향료를 넣고 잘 섞어줍니다.

03 준비된 돛단배 몰드의 돛 부분에 1의 왁스를 부어줍니다(투톤이라서 돛 부분만 하늘빛이 나게 부었어요).

04 3이 굳은 후 녹여준 파라핀 왁스에 향료를 넣고 몰드에 부어주세요(전 흰색 그대로를 사용했어요).

05 다 굳은 후 유토로 막은 부분은 떼어내고 묶은 심지를 풀어주세요.

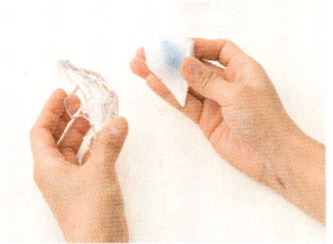

06 몰드에서 빼주세요.

chapter 09

양초 소품 만들기

65 타일을 이용한 촛대 받침

집안 인테리어를 하고 남은 타일들이 있어 딱 이거다 하고 촛대 받침으로 만들었어요.

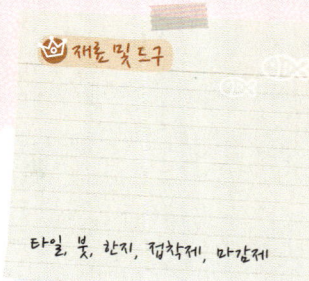

재료 및 도구

타일, 붓, 한지, 접착제, 마감제

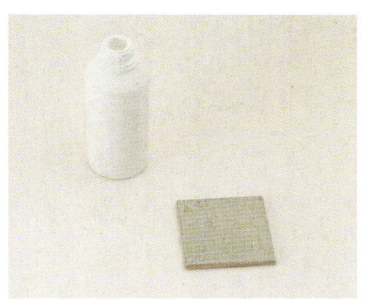

01 타일과 접착제를 준비해주세요.

02 접착제를 타일에 발라주세요. 이 작업을 전문용어로 실링이라고 해요.

03 원하는 그림이나 도안을 접착제로 붙여주세요. 저는 한지를 붙여보았습니다.

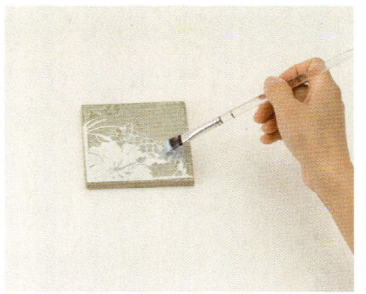

04 그림 위에 코팅제를 발라주세요. 코팅제는 두 번 정도 발라야 열에도 강하고 튼튼한 작품이 나옵니다.

Tip 타일을 이용한 촛대받침 활용 방법

타일을 한식상 차릴 때도 사용해보세요. 손님상에 수정과 내어갈 때 받침으로 사용하였더니 다들 근사하다고 하네요

66 접시를 이용한 촛대 받침

돌 답례품으로 마련해 선물로 드리고 남은 접시 그림을 촛대 받침으로 사용해는데 오래 되니 식상해지네요. 그래서 아크릴 물감으로 색칠해보았더니 너무 예쁘네요. 이제 앞으로 촛대 받침으로는 못 쓸 것 같아요.

재료 및 도구

접시, 붓, 아크릴 물감, 냅킨,
데코파쥬 글루, 가위

01 원하는 도안의 냅킨을 오려주세요.

02 데코파쥬 글루를 접시에 발라주세요.

03 오려둔 냅킨을 붙여주세요.

04 아크릴 물감으로 채색한 후 데코파쥬 글루를 발라주세요.

67 조화를 이용한 리스

재료 및 도구

등 리스, 좋아하는 조화,
글루건, 글루건심,

집안 가득 봄 향기를 담고 싶어 초도 만들고 리스까지 도전 해봤습니다. 간단하면서도 저렴하게 그러나 디자인은 결코 뒤지지 않는 멋진 리스가 나왔습니다.

01 조화는 꽃대에서 꽃과 잎을 모두 분리해 주세요. 꽃을 잡아당기면 분리가 쉬워요.

02 등 리스 틀에 글루건으로 큰 꽃 부터 달아주세요. 봄 느낌을 살려 수국을 사용했어요.

03 작은 꽃을 큰 꽃 사이에 잘 맞추 어 달아주세요.

04 아이비를 글루건으로 꼼꼼히 붙 이면 조화를 이용한 리스가 완성 됩니다.

05 같은 방법으로 다른 조화를 이용 해 리스를 만들어보세요.

68 오일램프 꾸미기

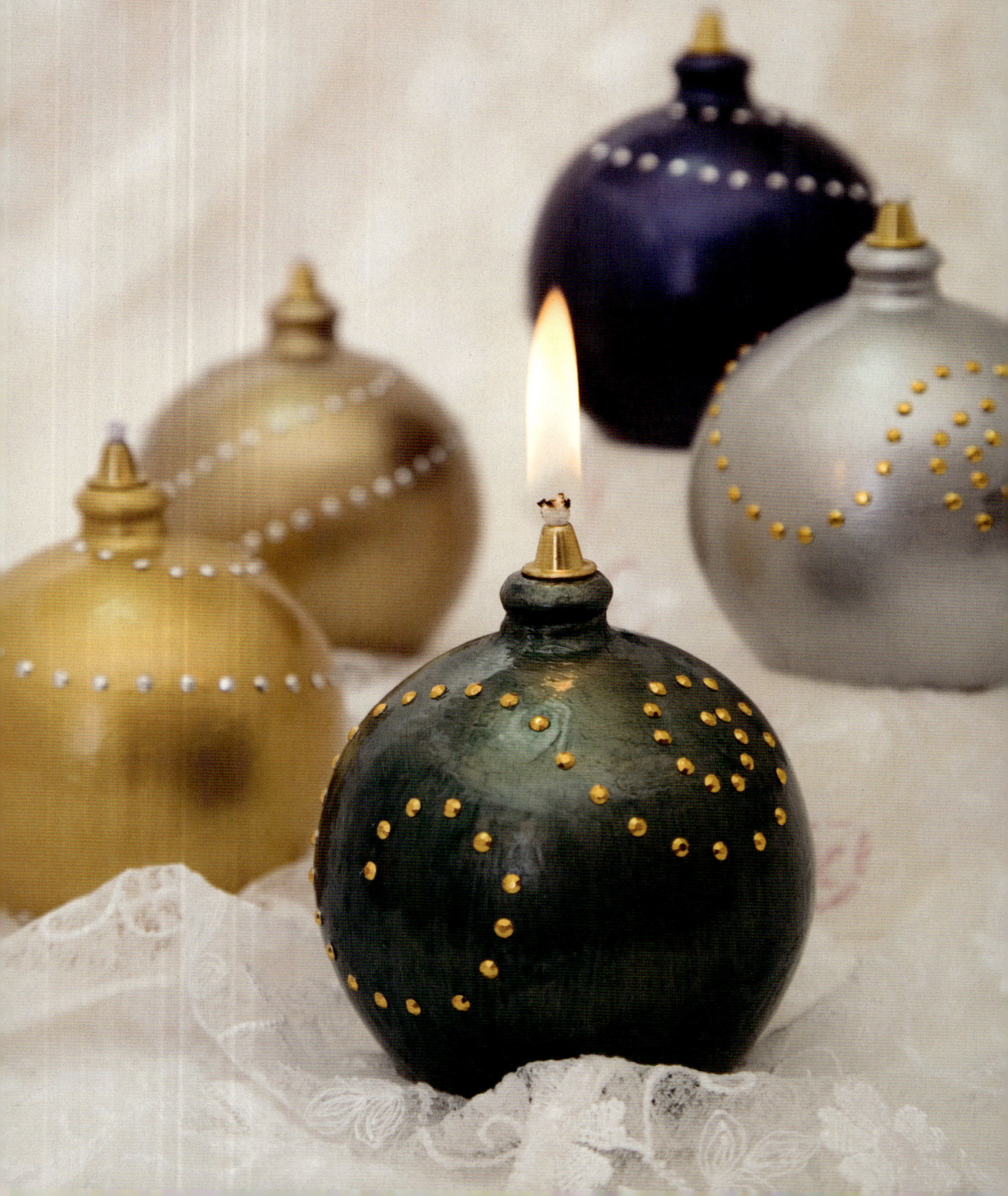

68 오일램프 꾸미기

재료 및 도구

오일램프, 아크릴 물감, 코팅제,
붓, 큐빅, 접착제, 파라핀 오일,
오일램프용 심지

투명하면서도 영롱한 오일램프도 예뻐요. 하지만 제겐 고급스럽고 다른 느낌의 오일램프가 있었으면 했죠. 안에 들어가는 오일 색은 보이지않지만 낮에 보았을 때도 충분히 아름다운 오일램프가 제겐 생겼습니다.

01 오일램프에 원하는 색상의 아크릴 물감을 발라주세요.

02 메탈(metal) 느낌의 아크릴 물감을 2~3회 발라주세요.

03 물감이 다 마른 뒤에 접착제를 이용해 큐빅을 붙여줍니다.

04 오일을 램프 간에 가득 부어주고 오일램프용 심지를 꽂으면 완성입니다.

69 오일램프 보호대 꾸미기

재료 및 도구

오일램프 보호대, 코팅제, 붓, 접착제,
냅킨, 가위, 아크릴 물감

야외 테라스에 놓인 오일램프를 보고 외국에 온 느낌이었어요. 초가
아닌 액상의 오일이 들어있는 신기한 초! 바람이 불어도 꺼지지 않는
그 오일램프를 보고 그 카페의 단골이 되고 싶어졌어요.

01 오일램프 보호대에 접착제를 발
라주세요.

02 미리 오려둔 냅킨을 붙여주세요.

03 냅킨 위에 아크릴 물감으로 채색
해주세요(빨리 마르게 하려면 드
라이기로 천천히 말려주세요).

04 스펀지에 아크릴 물감을 묻혀 빈
공간을 찍어주세요.

70 유리 받침으로 촛대 꾸미기

밋밋한 쥬스잔 유리 받침 냅킨을 붙여 초보자도 만들 수 있게 촛대를 만들어보았어요.

재료 및 도구

유리받침, 접착제, 코팅제, 냅킨, 붓, 아크릴 물감

01 원하는 도안의 냅킨을 오려주세요.

02 유리 받침에 접착제를 발라주세요.

03 유리 받침에 오려둔 냅킨을 붙여 주세요.

04 아크릴 물감으로 채색해주세요.

05 코팅제를 발라주고 굳혀주면 완성입니다.

양초 재료 및 양초공예 자격증 안내

 양초공예 재료 전문 온라인 쇼핑몰

(주)캔들크래프트 젤캔들샵(http://www.gelcandleshop.co.kr)은 양초공예 관련 국내 최초, 원조 기업으로써 2002년 양초공예 전문 인터넷쇼핑몰을 오픈 하였으며, 양초공예 재료를 직접 제조 및 직수입 판매하고 있습니다. 양초를 처음 접하시는 분들도 쉽고 재미있게 양초를 만들 수 있도록 모든 노하우를 공개하고 있으며, 공방이나 샵을 운영 하시는 분들을 위해 별도의 도매 쇼핑몰을 운영하고 있습니다. 또한 KBS, MBC, SBS, 케이블방송 등의 TV 출연 신문, 잡지, 기업체 사보 등 많은 곳에 소개 되었습니다.

한국양초공예협회(KCCA)

http://cafe.naver.com/candlecraft는 네이버 카페로 양초공예에 관심 있는 사람들의 자유공간 커뮤니티입니다. 회원에 가입하시면 양초 관련 다양한 정보 및 자격증 관련 등의 정보를 얻을 수 있습니다. 또한 가까운 지역의 분원 및 교육센터 정보를 제공하고 있습니다.

 양초공예 자격증 과정 안내

(사)한국수공예협회

등급	대　상
지도사범	강좌 개설 및 공방운영, 판매를 목적으로 30시간 이상의 전문 강좌를 수료한 자
1급	문화센터 등의 강의를 목적으로 30시간 이상 이수한 자

(사)평생교육진흥연구회

등급	대　상
지도사 1급	2급 과정을 이수한 자로 2년 정도의 강사 활동을 한 자
지도사 2급	강좌 개설 및 공방 운영, 판매를 목적으로 30시간 이상의 전문 강좌를 수료한 자방과 후 양초공예
지도자 2급	이상의 자격 취득자

문의: 02-2690-8469(대표)